腐ったリンゴをどうするか？

手抜きを防ぐ方策はある

大阪大学大学院
人間科学研究科教授
釘原直樹

三五館

はじめに――人生は手抜きに溢れている

毎朝乗車する通勤電車の乗客でキリッとした顔をしている人はほとんどいない。たいていはスマホに夢中だったり、居眠りをしていたり（なかには口を開けて寝ている人もいる）、ボーッと外を見ていたり、ほとんどが無防備で弛緩している状態である。たまに知り合いの学生を見つけて背後から声をかけると、その学生は驚くと同時に、それまでの魂が入っていない顔が変化し、みるみる覚醒することが見て取れる。人生のほとんどはこのようなボンヤリしている時間で占められているのかもしれない。

日本人の平均寿命から計算すると、人生は平均70万時間である。ある調査によれば、そのうち20万時間（29％）は睡眠であり、その他食事や風呂、トイレ、洗面などに6万時間（9％）を過ごし、労働時間は10万時間ほど（14％）、残りの34万時間（49％）が自由時間ということである。

自由時間の過ごし方としては買い物、スポーツや、映画鑑賞、趣味（カラオケ、ゴルフ、釣り）、外食（飲酒を含む）、何もしないなどが挙げられている。仕事の時間は相対的に短く、お楽しみの時間が人生の半分を占めていることを考えると、人生は案外楽ちんなのかもしれない。

昔から「人生は厳しく苦難に満ちている」といわれているが、実際はこのように弛緩している時間のほうが長い。しかし、「人生はほとんどがボンヤリである」などと言ってしまえば身も蓋もない。そのため人は、人生の中でも短い労働時間に着目して、その苦労をことさら強調することにより、人生の意義を見いだす作業を無意識にしているとも考えられる。

このボンヤリして弛緩した状態は人間にとって「快」であり、またその時間が人生の大部分を占めて慣れているので、何もしなければ自然にそのような状態に回帰しようとする。そのため本来は努力が要求され緊張をもたらす「仕事」や「作業場面」でさえも手抜きをして手っ取り早く弛緩状態に戻ろうとする。

そのときに格好の隠れ蓑《みの》になるのが会社や学校といった集団である。後に詳しく述べるように、手抜きをしても報酬が与えられ、また手抜きをしていることが他の人にさとられなかったり、他の人の能力が高かったり、他の人も手抜きをしていたりすると手抜きする可能性が強くなる。

集団にとって手抜きが厄介なのは、それが周囲に感染《うつ》っていくという特性を持つからだ。

リンゴ箱の中に一つでも腐ったリンゴがあれば、汚染はすぐそばにあるリンゴから次々に広がっていき、最後には箱全体を腐らせることになる。

では、この手抜きを未然に防いだり、腐ったリンゴによる感染を予防したりする方法はないのだろうか。具体的にいくつかの方法があり、第5章を中心に紹介していくことになる。

物事にはすべて両側面がある。ある本に書いてあったが、生きる（live）という言葉を反対から読めば悪（evil）となる。すなわち「生きる」というポジティブな行為は必然的に「悪」というネガティブな側面をともなうというのである。

「手抜き」という言葉は、手抜き工事、手抜き料理など、普通良い意味では使用されない。しかし一方、手抜きには必要なときのためにエネルギーや資源を保持する戦略の一つという側面もある。

プロ野球投手に省エネ投法というのがある。先日もスポーツ新聞の見出しに「阪神能見圧巻コイ斬り　黒田ばり省エネ投法」というのがあった。一方、昔巨人のエースだった江川は入団時にゴタゴタがあったため、どちらかといえばヒール（悪役）のイメージがあり、またその投球は「手抜き投法」として有名であった。特に打たれたときは手抜きしたとして当時のスポーツ新聞にさんざん批判された。

能見や黒田は「省エネ」で、江川はなぜ「手抜き」なのか。それは現象のポジティブな側面あるいはネガティブな側面のどちらに注目するかによる。同じ行為でもイメージが良い人の場合は「省エネ」になり、イメージが悪い人の場合は「手抜き」になる。こうしたこともあり、筆者は必ずしも手抜きをマイナスのイメージとしてばかり捉えているわけではない。

手抜きは個人レベルのエネルギー節約に役立つだけでなく、集団の生存・存続にもかかわっている。働きアリのうち2割から3割しか働かないといわれているのは、そのほうが集団全体の存続には有利だからである。全員が働かなければ存続できない余裕のない集団はいわばブラック組織であり、長期には存続できないであろう。適当に一部の成員が手抜きしても働くことができる組織のほうが、動物の場合でも人間の場合でも健全な組織といえる。

ただしこれに関しても程度の問題がある。あまりにも手抜きする者の割合が増加すると、組織が存続できなくなる可能性もある。まったくなくなってしまっても組織は息苦しく窮屈になり、反対にありすぎると組織の崩壊につながる。あらゆる組織にとって、手抜きの取り扱いはかくも難しい。

手抜きは会社や学校という身近な組織にだけ生じるのではなく、社会問題とも関連している。手抜きする者の割合が増加することによる問題に関連した現象として、最近の投票率の低下が挙げられる。２０１５年に行なわれた統一地方選の投票率は5割前後になっている。このままでは日本の民主主義が危うくなると警鐘を鳴らす人もいる。その対策の一つが投票の義務化である。投票が義務となっている国は世界でも数多くあるが、先進国においては数少ない。罰則がない場合から軽い罰金、選挙人名簿からの抹消、入獄（北朝鮮の場合）までさまざまである。義務化すれば投票率は高まる（社会的手抜きはなくなる）だろうが、罰を意識しながらの政治参加が民主主義といえるか否か微妙である。

このように社会的手抜きは職場や学校だけではなく、社会問題とも密接につながるテーマであり、人間のあらゆる活動と切っても切れない関係にある。

手抜きとはなんであり、どうして起こり、どうやったら防げるのか？　本書では、その原因やメカニズムについて、数多くの実験や研究をもとに究明していく。

腐ったリンゴをどうするか？◉もくじ

鏡を見れば、効率アップ！——手抜きが発生する内的条件②・注意の拡散
フリーライダーとサッカー／「正直でいたい」⟷「ごまかしても利益を得たい」
ネガティブ情報は刺激が強い
得しなくてもいいから、損だけはしたくない！——プロスペクト理論
人は他人の不正直さを探し求めている／腐ったリンゴ効果
腐ったリンゴになりやすい「男」
利己的振る舞いをするメンバーが一人でもいると…
作業量を20％も低下させた「ある発言」

第4章 こうすれば手抜きは防げる
——男と女はこれほど違う

動機づけが高まる「社会的促進」——共行動状況
動物にもある社会的促進／どんなときに社会的促進が起こるか
ネット上で「スケープゴート」が生まれるメカニズム
こうして会議は間違える——「リスキーシフト」と「共有情報バイアス」
子どもの学習が進まない理由——教育における社会的促進・社会的抑制
他人の分まで頑張れますか？——社会的補償
「同僚が無能」で生じる社会的補償

第5章　最善の手抜き対策はコレ！　155

装幀◉原田恵都子（ハラダ＋ハラダ）
装画◉原田リカズ（ハラダ＋ハラダ）
本文図版◉植本勇

第1章　社会は手抜きに満ちている

仕事時間の3割が会議だなんて！

ある会社では、社員に2週間その日の仕事内容を記録してもらい、仕事時間を計算した結果、一日に占める会議の割合は約3割になったという。会社によっては会議が仕事時間に占める割合が大きい所がある。

それにもかかわらず参加者が居眠りをしたり、内職をしたり、一人が長々としゃべり、他の人はほとんど議論に参加していなかったり、出席者が多くて話し合いにならないこともある。あるいは活発な議論がなされ、出席者もその場では満足感を味わい、良い会議になったと納得しているが、後に冷静に検討すると議論の中身が浅薄で結局、問題解決に結びついていなかったりすることもある。このような非効率的な会議が日本中でいったいどれくらい開催されているのだろう。

こうした非効率な会議の背景には〝社会的手抜き〟のメカニズムが働いている。それぞれが手抜きをした結果、会議がムダな時間に化け、成果に結びつかない。

また、ある調査によれば営業職ＯＬの85％はサボった経験があるということである（リクルートのサイトより）。

調査は２００８年3月にインターネットで実施。対象は関東・東海・関西エリア在住の有職の女性１００人を対象にして、「営業中にサボったことがあるか？」を問うた。「ある」と答えた85人のうち「カフェでのんびり」が63人、「自宅に戻って寝た」23人と続き、「遊びに行った」という豪傑も18人にのぼる（複数回答）。これらもまた正真正銘の手抜きである。

少し古いものになるが、次のような新聞記事（１９９4年3月1日「毎日新聞」夕刊）がある。

「営業の皆様、春です……ちょっとさぼってみませんか、早朝の満員電車から立ちっぱなし、帰宅も深夜とくれば昼間にちょっとでもリフレッシュ・タイムを設けた方が、健康にも能率にもいいはず。得意先回りの空き時間、寄り道にいい場所教えましょう」そして、睡眠派（昼寝）、スポーツ派（卓球など）、趣味派（音楽、映画、自動車のショールーム）などを想定し、都内のしかるべき場所の紹介がされている。これは20年前の記事であり、社会にまだ少し余裕があったのかもしれない。新聞が手抜きを推奨しているのだ。会社という組織の中では、必然的にそこここに手抜きが生じてくるといえよう。

手抜きをめぐる、会社と社員の攻防戦

こうした手抜きに対して最近は社員のスマートフォンに位置情報アプリを入れて営業マンの回り先を調べたり、生体認証で出退勤を確認したりする企業も出てきているという（２０１３年4月9日「読売新聞」朝刊）。

それによれば、ある会社では社員の居場所が建物名まで地図で確認できるという。導入当初は、「自分たちを信用していないのか」「監視されているみたいで嫌だ」との社員の反発もあったが、最近はそれにも慣れ「サラリーマンとは、こんなものか」とあきらめているということであった。

携帯端末の位置情報を利用するサービスは年々拡大していて、２０１３年2月の時点で

市場規模は180億円を超えると見込まれた。会社貸与の携帯電話で居場所を把握されて精神的苦痛を受けたとして、ある会社の従業員が起こした損害賠償請求訴訟では、東京地裁は、「勤務時間内なら適法だが深夜や休日は許されない」と判断しているという。

また、労働組合の反対で静脈認証により出退勤をチェックする計画が断念されたこともあるという（奈良市役所）。これまでは職員証を機械にかざして出退勤時間を記録していたが、同僚に「代行」させることが横行し、業を煮やした市側が導入する方針を発表したそうである。しかし「職員を犯罪者扱いし、個人の身体というプライバシー情報を収集するのは許せない」と猛反発され、断念したということである。ある法律の専門家は「IT技術の発達により、個人情報が容易に収集されるようになった。そのまま使えば息苦しい社会になってしまう」と述べている。

会社と労働者はこのように「手抜き」をめぐって攻防を繰り広げているとみることができる。手抜きをする労働者と、あの手この手でそれを防ごうとする会社による、イタチごっこの様相を呈している。それだけ世の中は手抜きに満ちているといえる。

集団作業のアウトプットを頭打ちにするものの正体

用語の整理をしておこう。本書でこれから述べていく「社会的手抜き」とは、集団で作業を行なうときのほうが、個人でするときよりも一人当たりのパフォーマンスが低下する現象のことである。

これについて初めて詳しく分析をしたのがフランスの農業技術の教授であったリンゲルマンである。20世紀の初頭に彼が行なった、綱や荷車を集団で引かせる実験の結果、一人の力を１００とした場合、集団作業時の一人当たりの力の量は、２人の場合93％、３人の場合85％、４人の場合77％、５人の場合70％……と下がっていき、８人の場合には49％まで減じた。８人で作業した際には、それぞれが半分以下の力しか発揮しなかったというわけだ。集団作業に参加する人数が増えれば増えるほど、一人ひとりの手抜き量は少しずつ増えていくといえる。

集団のサイズが大きくなれば、一人当たりの手抜きの量は大きくなる。ある集団全体が発揮するアウトプットは、集団の人数に比例するかたちで増大するのではなく、次第に頭打ちになっていく。アウトプットが頭打ちになる理由こそ「手抜き」なのだ。

手抜きを分析し、その原因を追究することは、集団で作業する際のアウトプットを増大させることにつながる。

サイバー手抜き――インターネットの私的利用の研究

最近、話題になっている手抜きの一つに「サイバー手抜き」がある。サイバー手抜きとは、業務中に会社が提供する電子メールやインターネットを仕事以外のことに使用することである。

すでに2001年2月8日の朝日新聞に「認める? 認めない? 勤務中にインターネット 人脈重視で公私あいまい」という記事があり、この問題について詳細な解説がなされている。

インターネット・ブラウザのYahoo! JAPANは1996年、Google日本語版は2000年にサービスを開始したということであるから、インターネットが一般に利用されるようになってまもなく、この問題が取り上げられたことになる。

米国では業務中に90%の従業員がネット・サーフィンをしていて、84%が私的メールの送受信を行なっているという調査結果（1999年）がある。仕事中に行なわれるウェブ・サイトに対するアクセスは90%が業務と無関連のものであり、平均して1・7時間もネット・サーフィンしているという報告もある。また、米国では、下院での予算案審議中に、複数の議員がゲームに興じていたり、Facebookや野球のスコアを見ていたりしている写真が報道されたことがある。洋の東西を問わず、サイバー手抜きが行なわれているということになる。

ニュース閲覧は9割、音楽ダウンロードは1割

米国における調査（224の企業が対象）によれば、6割の企業がインターネット使用について従業員に注意を促しているが、それでも3割の企業で不正使用のために解雇された従業員がいたことが明らかになっている（2002年調査）。

わが国でも日本労働研究機構（現・労働政策研究・研修機構）の調査結果（2002年）によれば13・7％の企業が何らかの処分を行なったということである。

2003年には就業時間中の私用メールによる解雇の無効が争われた裁判があった。判決は「職務遂行の支障とならず、使用者に過度の経済的負担をかけないなど社会通念上相当と認められる程度で使用者のパソコンを利用して私用メールを送受信しても職務専念義務に違反するものではない」というものであった。

しかし場合によっては法的責任が問われる可能性もある。たとえばアプリケーションの

不正なダウンロードは触法行為であるし、メールによる敵対的やりとりや虚偽の情報を流した場合、名誉毀損《きそん》で訴えられるかもしれない。またウイルス感染や、情報漏えいも懸念される。

こうしたサイバー手抜きは軽微なものから深刻なものまで、さまざまである。働きながら学んでいるMBA（経営学修士）の学生（年齢36〜45歳）を対象とした米国における調査（2008年）によれば、私的メールの使用やニュースサイトの閲覧をしている者は9割以上であった。株式、ショッピング、スポーツのサイトは6〜8割、オークションサイト、ツイッター、ブログは4割、オンラインゲーム、音楽のダウンロードは1割ほど、チャットルーム、オンラインギャンブル、アダルトサイトは1割以下であった。

この結果からは、深刻な種類のサイバー手抜きの程度は少なく、比較的軽微なものが多いことがわかる。

気づいているけど「まあいいか」——日本のサイバー手抜きの実情

わが国でも日本労働研究機構が2002年に上場企業と店頭登録企業合わせて3575社を対象とするインターネット調査を行なった。その結果、米国と同様に、9割の企業で私的利用をしている者がいるとの回答があった。ただし63・5％がこれを問題視していないことも明らかになっている。

２０１０年には従業員数３００名未満の中堅・中小規模法人の経営者および従業員８２４人を対象に行なった調査結果が発表されている。

それによれば経営者は、勤務時間内で54％、休憩時間では69％の従業員が私的利用をしていることに気づいていた。しかし67％の経営者がそれを容認していることもわかった。ただし一日４時間を超える業務外閲覧をしている社員が６％いて、これについては対策の必要性を経営者は感じているようである。

サイバー手抜きはどうして起こるのか？

皆さんも身に覚えがあるであろうこの〝サイバー手抜き〟は、どうして生じるのだろうか。そこには、その他のあらゆる手抜きにも通じる４つの要因が考えられる。この手抜きの要因については章をあらためて詳しく説明することになるが、ここでも手短に述べておこう。

①仕事に対する自我関与の低さ

自我関与とは、自らの仕事に意味があり、自分の努力が組織に貢献しているという思いのことである。これが低いということは、自分の仕事に積極的な意味を見いだせず、「自分がやってもやらなくても同じ」という思いでいることになる。当然、手抜きが生じやすくなる。

②組織風土や集団規範

同僚の多くが仕事と関係ないことをしていれば、そのような規範が組織に容認されていると思ってしまう。サイバー手抜きに対する同僚や上司の寛容な態度は手抜きを促進することがわかっている。サイバー手抜きをしている人を見て、同僚が「楽しそうだね」と声をかける。こうした行動はサイバー手抜きを許容していることを示し、それを促進する。

また、管理者がインターネットの利用に積極的である場合、部下はインターネットの利用であれば何でも構わないと思ってしまう可能性がある。全般的に「専用のパソコン」が与えられている従業員のほうが「共通のパソコン」を利用している従業員よりも私的利用をしやすい傾向がみられるという調査結果もある。

③サイバー手抜き以外の社会的手抜きの存在

仕事中にしてはならない行為はさまざまである。たとえば備品を持ち帰ったり、私用電話をかけたり、私用のために外出したりする行為である。また時間にルーズであったり、約束を守らなかったりすることも信用をなくす行為である。こうした行為をする人はサイバー手抜きもする傾向があることがわかっている。

④サイバー手抜きに対する態度

当然であるが、サイバー手抜きをすることを悪いと思っていない人はそれをする傾向が強いということである。

大学生がサイバー手抜きするワケ

サイバー手抜きは、われわれ大学教員にとっても深刻な問題になりつつある。サイバー手抜きは大学の授業中のスマートフォン使用とも関連しているからだ。

青山学院大学社会情報学部で開講されているある選択科目の講義を対象に実施された、授業中のスマートフォン使用に関する調査がある。それによれば１００名ほどの受講者のうち90分の授業中に一度も使用しなかった学生の割合は６％ほどに過ぎず、１～３回が３～４割、４～６回が２～３割、７回以上が３割であることが明らかになった。

使途のほとんどはＳＮＳやメールのやりとりであった。多くの学生が授業中にスマートフォンを使って頻繁に外部とのメッセージのやりとりを行なっていることがわかる。この状態は学級崩壊に近いように感じられる。授業中に立ち歩く小学生が問題になったことがあるが、この状態は席に座ってはいても、立ち歩きをしている状態とあまり変わらないともいえよう。

大学生が授業中にサイバー手抜きをする要因は前に紹介した4つの要因とそのまま重なってくる。

第一は授業に対する自我関与度が低いということである。特に低学年の一般教養に関する授業の場合、単位を取得するために仕方なく出席している可能性がある。自我関与が低ければ理解しようという意欲もわかず、ますます興味を失うという悪循環になる。食べたくないのに無理矢理食べさせられて、その食べ物が嫌いになるのと同じメカニズムなのかもしれない。

第二は組織風土や集団規範の問題である。

スマートフォン使用に関する対応は担当教員によってかなり違いがあるようである。それを一切認めないという教員もいれば、授業に関連したもの（たとえば、板書の撮影、資料の検索）であれば認めるという教員や、静かにしていれば授業目的以外の使用も黙認するという教員もいる。スマートフォン使用について教員間での対応がまちまちなのだ。そのため学生がスマートフォン使用に関する規範を正確に理解していない可能性もある。ある授業では注意されなかったにもかかわらず別の授業では厳しくとがめられれば、そのような対応に不満を持つであろう。他の学生が授業中に頻繁にスマートフォンを使用しているのがわかれば、スマートフォンの使用は黙認されていると思い込む可能性もある。

第三はスマートフォン使用や授業についての態度である。彼らには二段階の理屈がある。その第一は、学生は授業料を支払っているので客のようなものであるという理屈である。第二は他に迷惑をかけるわけではないというものである。ファミリーレストランで食事をしているときにスマートフォンを使用していても注意されることはない。それと同じ理屈を大学の授業にも当てはめているわけだ。

結局、授業中のスマートフォンの使用の問題を解決するためにはこうした要因を取り除く必要があるが、現実にはなかなか難しい。

米国のある大学では、講義中にスマートフォンを使用できないようにロックしておくとその時間に応じてポイントがたまり、商品券などと交換できる制度を設けているということである。情けない話ではある。

サイバー手抜きを減らすには

では、会社が社員による、教員が生徒による「サイバー手抜き」を防ぐためにはどうしたらよいのだろうか？

サイバー手抜きを少なくするためには、従業員（学生）の仕事（授業）への関与度を高め、生きがいを感じるように仕向ける必要がある。また容易ではないが自尊心を尊重し、そのことによって道徳心、倫理観などを育《はぐく》む努力をすべきであろう。

さらに、会社であればオフィスのレイアウトを開放的にして、管理者が従業員の仕事の様子を見ることができるようにすることも一案である。というのは、非正規社員の場合、私的利用のおもなきっかけが「上司が離席しているとき」という調査報告があるからである。

それからインターネットの利用に関する公式の明文化された規則や罰則を制定したり、サイトをブロックしたり、ネット利用を監視するといったことも考えられる。

日本労働研究機構の調査によれば２００２年の時点で、従業員によるインターネットの私的利用について何らかのルールを定めている企業は40・7％であり、今後定めたいとする企業が37・６％であった。また会社の規模が大きくなるほどルールを定めている企業が多かった。

このようにサイバー手抜きを防ぐためには、他の社会的手抜きと同様に、報酬価（仕事の主観的価値や思い入れ）や評価可能性（ネット利用が監視などでばれる可能性）や道具性（ある行為がある結果をもたらす「道具」になるという見込み。ここでは、自分の仕事が組織全体に貢献しているという思い）を高めることが大切であろう。

ところで、これらはすべて「言うはやすく、行なうは難し」である。そんなに簡単に手抜きが防げれば、手抜き研究者などいらない。

本書を手にとってくださった方の多くは、「手抜きの防ぎ方」というテーマにもっとも関心をお持ちかもしれない。「言うはやすく、行なうは難し」とはいいながら、手抜きを防ぐ具体的方法も、あるにはある。それについては本書の後半で詳しく触れていくことになる。

サイバー手抜きにもメリットがある!?

サイバー手抜きは必ずしも悪い面ばかりではないという考えもある。私的利用のきっかけが気分転換と回答した経営者が64・7％もあった（ネットスター株式会社調査）。また私的利用が職場のモラールや人間関係に悪影響を及ぼすことはほとんどないということも報告されている（マルチメディア振興センター調査）。さらに社員の25％、企業のインターネット管理者の15％は、むしろ職場のコミュニケーションが高まったと回答している。

公私にかかわらずインターネットが自由に使える環境では闊達な雰囲気が醸成され、創造性が高まり、企業にとって役に立つ技術や知識の獲得も容易になり、企業を活性化させる側面があるといえる。

ツイッターやSNSやブログの職場での使用は、以前は不適切なものであると思われていたが、最近は採用や従業員とのコミュニケーションツールとして積極的に活用されている。また私的利用を許さない完全な監視は経営者と従業員の信頼関係を損なうことも考えられる。職場でネットの私的利用を行なっている者は、自宅でそれ以上の時間を仕事目的のネット利用に費しているとの調査報告もある。

大学では研究や教育のかなりの部分（たとえば、成績の登録や管理、文献検索、学部や研究室のホームページ管理、研究データのクラウドへの保存など）はインターネットを通じて行なわれる。これらのものにアクセスしている過程の中で、さまざまなニュース項目が目に入ってしまう。また検索エンジンも容易に使用できるようになっているので、サイバー手抜きをするつもりはなくても、ついつい業務とあまり関連しない内容のものを閲覧してしまう傾向はあるかもしれない。研究教育活動とサイバー手抜きの境界はあいまいな部分もあるのだ。

気晴らしという才能

筆者は、学生時代には試験の前日や卒業論文・修士論文の締め切り前に、決まって無性に小説が読みたくなる傾向があった。おそらく、やるべきことに対して正面から立ち向かうことが億劫になり、他の活動をすることにより一時の安らぎを得ようと、安易なほうに流されてしまったのかもしれない。意志が弱くやすきに流れる傾向は今も相変わらずである。

そのためかどうかわからないが、今でも研究や論文の執筆に行き詰まったとき（今この瞬間もそうであるが）、小説を読んだり、インターネットのニュースサイトを閲覧したりすることがある。ただ、そのようなことをしていても、研究や論文のことを忘れているわけではなく、小説を読むことやニュースの閲覧を楽しんでいるわけではない。追い込まれて、ますます研究や論文が頭の中を占有するようになる。眠れないときに羊の数を数えても、それが逆効果になるようなものである。

気晴らしの研究がある。人間にはネガティブな出来事に直面したとき、それについて考えないようにする（思考抑制）ことで精神的健康の悪化をのがれようとする傾向があるらしい。

思考抑制は抑制対象（たとえば試験や論文）と異なる対象（たとえば小説やネットのニュース）に意図的に注意を向けることで行なわれるとされている。これが気晴らしである。気晴らしを適宜使用できる者はうつ状態から抜け出しやすいことがわかっている。

それから、場合によっては（稀ではあるが）抑制対象への見方の建設的な変化、新たな視点の獲得につながることもあるということである。

「フェルマーの最終定理」や「ポアンカレ予想」を証明することに一生を費やし、結局かなわずに破滅的な人生を送った数学者が何人もいる。彼らは一日24時間、数学に没頭し、思考抑制ができなかったらしい。ポアンカレ予想を証明したロシアの数学者ペレルマンは「自分の証明が正しければ賞は必要ない」としてフィールズ賞や賞金の受領を拒否し、隠遁生活を送っている。

うまく気晴らしができることは一つの能力なのかもしれない。というのは抑うつ傾向が強い人は気晴らしがうまくできないらしい。凡人の言い訳かもしれないが、研究者にとっても手近にできるサイバー手抜きは適切な道具の一つなのである。

このようにサイバー手抜きには長短両側面がある。そしてこれは、その他の手抜きにもいえることであり、手抜きのプラスの側面もけっして無視することはできない。この二面性こそが手抜きの魅力でもあり、これについてものちほど詳しく記すことにしよう。

ブレーン・ストーミングの４つのルール

「三人寄れば文殊の知恵」という言葉が示すように、一人で考えるより集団で考えるほうが良いアイディアが生まれると思われている。そのためにさまざまな場面で会議や話し合いが行なわれ、そのうえで物事が決定される。学校では学園祭での出し物について、会社では新商品やサービスの開発に際して、複数人でのアイディア出しや打ち合わせが行なわれる。政治的課題や社会問題についても同様で、日常のささいなことから社会的に重大なことまで、あらゆる問題解決シーンで話し合いが行なわれている。

こうした集団による会議において効果的とされる技法が「ブレーン・ストーミング」である。以前から企業でも積極的に取り入れられ、その効果に寄せられる期待は大きい。

しかし、ここにも社会的手抜きはこっそり忍び込む。

ブレーン・ストーミングは、米国のオズボーンによって開発されたもので、議論を通じて新奇で非凡な、そして想像力あふれる発想を促すテクニックである。議論をする際には4つのルールがある。

第一は「自由奔放」。頭に浮かんだことを内容の如何にかかわらずそのまま口に出す。奇妙な発想ほど良いわけで、他者の顔色や反応を気にする必要はない。既成事実、固定観念に囚われず、自由で奔放なアイディアが歓迎される。このルールから、多少突飛なことでも発言しやすい雰囲気が確立され、参加者の自己規制の枠も外れ、ユニークなアイディアが数多く創出されると考えられる。

第二は「批判や評価をしない」。より自由にアイディアを発想できるように、アイディアを創出する段階では評価を一切行なわない。創出したアイディアが批判されると、その人は批判されたアイディアに固執してしまい、新しいアイディアの発想が阻害されてしまうからである。ブレーン・ストーミングにおいては、アイディアを出すことにのみ専念する。

第三は「質より量」。量が増えればその中に質が高いアイディアも含まれている可能性が高い。

第四は「結合改善」。他者のアイディアを引き継ぎ、それを膨らませたり変形したりすること。グループメンバーがお互いにアイディアを交換し合い、それらに工夫を加えたりアイディア同士を組み合わせたりして、より良いアイディアを創出する。このルールにのっとって行なうことで、ブレーン・ストーミングで創出されたアイディアが自分一人のものではなく、メンバー全員によって創出された成果であるという認識にもつながる。

ブレーン・ストーミングの利点

ブレーン・ストーミングが創造性開発に有用な理由としては次のようなものが挙げられる。

①自由な発想の妨げになっていたさまざまな規制を批判禁止のルールで取り除く
②それぞれの専門の立場から参加していた成員が、共通する目的を持った同じレベルの立場で参加できる
③会議にゲーム的な面白さが加わり、成員間の絆が強くなる
④他人とのアイディアの結合、修正を促すことで発想の展開ができる
⑤ルールが簡単で技術的にそれほど難しくない

オズボーンによれば、ブレーン・ストーミングのルールに従えば「普通の人でも一人で考えるよりも2倍のアイディアを発想することができる」のである。

この技法が開発された当初は、このように集団のほうが個人で考えるより成果が上がると考えられていた。現在でも一般的にはそのように信じられている。それゆえ最近でも、企業においてもブレーン・ストーミングが積極的に取り入れられている。

米国でも大学生にブレーン・ストーミングのほうが良いと思うのか、あるいは個人が一人で考え、それを集めて集団の成果とするほうが良いと思うかについて聞いたところ、80%が集団のほうが良いと答えている。これはドイツ、オランダ、そして日本でも同じであった。

「なんとなく良さそう」だけど…

では、本当にブレーン・ストーミング（ブレスト）は効果を上げる技法なのか?

実際にはブレストよりも、個人がそれぞれ考えた成果を集めたほうが優れていることが数多くの研究で実証されている。

それを証明した実験がある。グループでブレストを行ないながらアイディア創出を行なう4人組の集団と、一人でアイディア出しの作業を行なったあとに4人をランダムに集めた集団とで、アイディア創出数とアイディア内容を比較した。

課題は次の3種類。①近未来、もう1本の親指が両手に現れた場合の長所と短所、②自国に観光客を誘致するための案、③生徒の増加による教師不足解決のための策……この3つのテーマでアイディア創出を行なった。話し合いの時間は12分。

この実験の結果、課題の種類にかかわらず、単独でアイディア出しを行なったあとで4人を集めた集団のほうが、アイディア総数、独創的なアイディア数ともに多かった。

さらに別の研究は、集団サイズが増大するほどブレスト集団の成果が悪くなることを明らかにしている。つまり、ブレストは、単独での思考よりも、アイディアの量も質も低下させていることになる。社会的手抜きが忍び込んでいるためだ。

その理屈をひもとく前に、われわれはどうしてブレーン・ストーミングのような対面での話し合いのほうが効果があるものだと思い込むのか。

理由の一つは「自己高揚バイアス」（自分は平均より優れていると思い込むこと）によって、集団中での自分のパフォーマンスを過大評価することにある。さらに話し合っているうちに他者の発想を自分の発想と思い込んでしまい達成感を得る。実際に筆者は、ある一つの研究成果に対して複数の研究者が「あの理論の核心部分は自分が考えた」と主張しているのを聞いた経験がある。

さらに一人で考えた場合、アイディアが出ず苦しい思いをするのに対し、他者の話を聞いたり、話しかけたりすることは主観的な充実感をもたらす可能性がある。

つまり、ブレーン・ストーミングはなんとなく成果が上がったような気がして、主観的満足感をもたらすものの、実際の一人当たりのアイディア創出数は個人でのそれよりも劣っていることになる。

ブレストの生産性が悪いのはなぜ？

なぜブレーン・ストーミングの生産性が良くないのか？　それこそまさに社会的手抜きなのだが、直接の要因は動機づけの低下と調整困難性である。

ブレーン・ストーミングでは、創出されたアイディアが集団全体の成果として集積されるため、個々の成員の集団への貢献度がはっきりしない。そのため動機づけの低下が生じる。

この現象に関連した実証的研究がある。被験者は、ある課題を行ない、創出したアイディアをカードに記入して、集団共通の箱に投入する。カードにはアイディアのみを記入するため、だれがどのアイディアを出したかは識別できない。

このような状況で次の条件を比較した。

①集団のメンバーは皆同じ課題についてアイディアを出していると知らせる条件

②集団のメンバーは皆違う課題についてアイディアを出していると知らせる条件

その結果、①「同じ課題についてアイディアを出している条件」は、②「違う課題についてアイディアを出している条件」よりもアイディアの創出数が少なかった。

つまり、個人がどれくらいアイディアを出したかがわからない状況で集団作業を行なった場合、動機づけは低下する。それから能力が高いメンバーは低いメンバーにパフォーマンスレベルを合わせてしまう（下方調整）傾向があることもわかった。なんの見返りもなしに自分だけが頑張るのは馬鹿らしいと考えるのである。

生産性のブロッキング現象──調整の難しさ

ブレストの生産性が低下するもう一つの理由が「調整困難性」である。その要因の一つが評価懸念である。

これは自分のアイディアが他のメンバーや実験者から不当に評価される懸念から、奔放なアイディアの創出を抑制してしまうことである。対人不安の程度が高い人はこのような傾向が強くなる。

また、生産性のブロッキング現象も起こる。これはブレストの最中、他者によって思考が中断されたり時間が制限されたりするためアイディア創出が低下することである。

通常の会話場面では、一度に発言できるのは1人である。ブレストの場合も同時に複数のメンバーが発言することは難しいため、あるメンバーが発言しているときには他のメンバーはとっさに思いついたアイディアを披露することはできない。自分の発話の順番が回ってくるまでに、新しいアイディアの発想が阻害されたり、思いついたアイディアを忘れてしまったりすることもあるだろう。

一方、個人で考える場合にはこのようなことは起こりえない。このブロッキング（阻止現象）はブレストでの生産性の低下にもっとも強い影響を与えるといわれる。

近年、この発話ブロッキングを低減させる方法として、ネットワークを介してメンバーが対面せずに行なう電子ブレーン・ストーミングシステムが開発されている。ネットワークを介してアイディアを交換することで、発話の順番を待つことなく、思いついたアイディアをすぐに集団内に披露できるというものである。最近の実証的研究では、この方法の効果が確認されている。

良いアイディア、平凡なアイディア、悪いアイディア

ブレーン・ストーミングではアイディアの量だけではなく、質も求められる。アイディアの質は「実行可能性」と「独創性」の組み合わせで分類ができる。「両方とも高いもの」＝良いアイディア。「両方とも低いもの」＝悪いアイディア。「前者が高くて後者が低いもの」＝平凡なアイディア。「前者が低くて後者が高いもの」＝クレージーなアイディア。以上のようになる。

アイディアの質を検証するためにもいろいろな実験的研究が行なわれたが、そこでもブレストによるアイディア出しが優れているという結果は見いだされていない。一般に実行可能性と独創性は対立する場合が多く、ブレストをすれば前者に基づいて選択される傾向が強い。話し合いが行なわれる前に、集団に対して、独創性を意識して話し合うことを強調しないと、平凡な結論が出てしまうことが多いといわれている。

このようにアイディアの質に関しても、ブレーン・ストーミング集団では社会的手抜きの影響が現れる。

効率的なブレーン・ストーミングのために

では、こうした問題をクリアする、効果的なブレーン・ストーミングのやり方はあるのだろうか。

まず、このような問題があることを意識しながら、しっかりした準備をすることが必要である。その第一は快適な環境を作ることである。照明や道具、机や椅子の配置にも気を配る必要がある。それから似たような人ばかりを集めても多様な考えは創出されない。メンバー構成も大事である。そして、集団サイズを大きくしすぎないことである。サイズが大きすぎると社会的手抜きの量が大きくなる。

さらにアイディアをきちんと記録する人を配置しておくことも必要である。それは必ずしも管理的な立場である人でなくてもよい。そしてその記録はときどきホワイトボードやパワーポイントなどで全員にフィードバックするほうがよい。

集まったメンバー間に面識がない場合は「アイスブレーク」（「氷を溶かす」の意）と呼ばれるウォーミングアップが効果的である。これはメンバー全員がゲームに参加して互いを知り、関与度や頑張ろうという気持ちを高めるために行なう。

たとえば自己紹介ゲームというものがある。「自分の名前の由来」「自分の子どもの頃」「これからの希望」のそれぞれのテーマについて、１〜３分間という決められた時間で述べる。それぞれのテーマについて全員が述べ終わったあと、全員が他の成員の印象を紙に書き、ある評価対象者を決め、その対象者に紙に書いたものを読みあげて渡す。全員が対象者になり、全員が評価者になる。

また「嘘か真か」というゲームもある。これは３〜４項目から成る自己紹介をして、その中に嘘を入れておく。そして全員にどの項目が嘘であるか投票させる。

「他者紹介」というのもある。二人一組で互いに自己紹介をした後、全員の前で、相手の紹介をするものだ。

ブレーン・ストーミングの次の段階では全員に目的（なるべく多くのアイディアを創出すること）をはっきり伝えたあとで、個人的にアイディアをなるべく多く書き留めることを奨励する。そのために一人ひとりが静かに考える時間を十分与えた後、実際のブレーン・ストーミングを開始する。

これらに留意するだけでブレーン・ストーミングの成果は高まる。

ブレストの効果を落とさないための技法

ブレーン・ストーミング時にはどうしても社会的手抜きの要素が入り込む。それゆえ、手抜きの影響を低減することを考えなければならない。

その一つとして、「ブレーン・ライティング」という技法がある。これは6人のメンバーが3つずつ5分以内でアイディアをシートに書き留め、隣に回すというものである。受け取った人はその下の欄に前の人のアイディアを発展させたものを書くか、あるいは独自のアイディアを書く。そしてそれをまた隣の人に回す。制限時間は30分ほどで、30分間に108（6人×3案×〈30分÷5分〉）個のアイディアが創出される。このシステムでは全員がアイディアを出さなければならないので手抜きが起きにくい。このアイディアを元にブレーン・ストーミングを実施することも考えられる。

「リバース・ブレーン・ストーミング法」というのもある。これは問題の解決を指向するのではなく、逆に問題解決を困難にする要因について考えるものである。

たとえば「社員の働く意欲を高めるにはどうしたらよいか？」について考えるのではなく、「働く意欲を低めるにはどうするか？」を議論する。通常のやり方で解決方法が容易に見つからない場合はこの方法が有効である可能性がある。

その他「逐次合流テクニック」というのもあり、これについては後に詳述する。

そしてブレーン・ストーミングによって得られたアイディアを体系化する技法の代表格が、川喜田二郎氏の発案によるＫＪ法である。これはカードを使って得られたアイディアの分類と整理を行なう方法である。
①カード作り（アイディアをカードに転記する）
②カードを眺める（カードを広げてどのようなカードがあるかをじっくり確認する）
③カードの分類（共通性のあるカードを集める。表面的な言葉の類似ではなく内容で集める。因果関係では集めない）
④カードのまとまりである「島」に表題をつける（島をひと言でうまく言い表すことができるような名前をつける）
⑤空間配置（島をクリップで留め、用紙上に配置する。重要なものを上に置いたり、中心に置いたりする）
⑥結果の発表（全員の前でまとめた内容や経緯について発表する）
⑦それを元に議論を深める
こうした諸技法を併用することによりブレーン・ストーミング時に発生する手抜きを最

小限に抑えることが可能になる。

ブレーン・ストーミングにおいても手抜きが生じ、効率を落とす。それと同時に、それを防ぐための方策が考えられている。手抜きのあるところには、必ず予防策が存在する。それが人間の知恵でもある。

サボッているつもりはなくても……——チア・リーダーの実験

ここで手抜きに関する、ある実験をご覧いただくことにしよう。

実験では、チアリーダーをしている米国の女子高生が被験者となった。チアリーダーや応援団は大声を出したり、手を叩いたり、足を踏み鳴らしたりして場を盛り上げる役目がある。実験者はチアリーダーに「大声をあげながら手を叩いて大きな音を出すパフォーマンスをどの程度できるか測定したい」と説明し、実験に参加してくれるように頼んだ。

実験は二人一組で行なった。実験室には衝立と2つの椅子があった。被験者が実験室に着くと、ヘッドフォンと目隠しが渡された。実験条件は1人で音を出す単独条件と、実際は単独で行なっているにもかかわらず隣の人も一緒に音を出していると思い込んでいる疑似ペア条件であった。疑似ペア条件では実験者が嘘をついて被験者にそのように思い込ませた。

被験者はヘッドフォンを通してカウントダウン音声とそれに続く録音された大音響（6人が叫びながら手を叩いている）を聞かされた。被験者はカウントダウン終了直後の大音響と同時に力一杯大声を出し、手を叩くように言われていた。両者に大音響を聞かせるのは、他者の行動がわからないようにして、実験操作を被験者にさとられないようにするためである。このように手の込んだ操作をしたのは、他者がいると思い込むだけで、社会的手抜きが起こるのか否かを確認するためであった。

実験の結果、疑似ペア条件は単独条件より声や音が小さく（単独条件を１００％としたとき、94％）、手抜きをしていることが明らかになった。つまり、１人で大きな音を出すときよりも、２人で音を出している（と思わされた）ときのほうに手抜きが生じた。ただし、意識のレベルではほとんどの被験者が自分も相手も全力を尽くしたと思っていた。

人数が多くなると、なぜ生産性が下がるのか？

前述の実験は2人集団で行なわれたものであるが、集団サイズが増大すれば手抜きの量は大きくなることが考えられる。わかりやすく会社を例にとれば、２人だけの会社より、

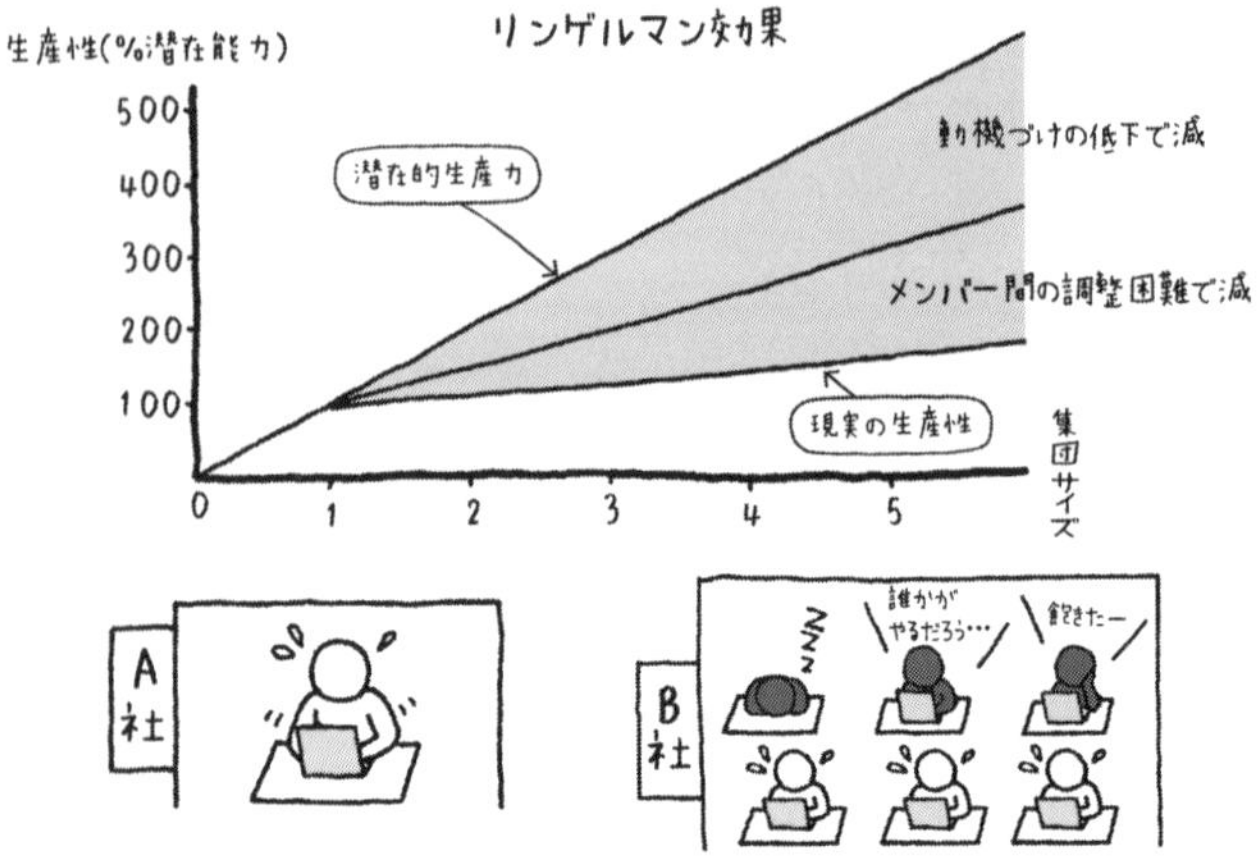

集団サイズが大きくなれば、生じる「手抜き」も大きくなる

1万人を擁する大企業のほうが一人当たりの手抜きの量は大きくなる。

集団全体のアウトプットが個人のインプットを加算したものよりも少なくなることを最初に明確にしたのは、前述のリンゲルマンであり、彼は集団サイズが大きくなるほど両者間の差が大きくなることも明らかにしている。これを「リンゲルマン効果」という。

リンゲルマン効果が生じる理由としては、動機づけの低下だけではなく、調整の難しさによる生産性低下も挙げられる。

たとえば綱引きの場合でいえば、参加者が引っ張るタイミングがずれることが考えられ、これは手抜きとは関係がない。図は、リンゲルマン効果を模式図として示したものである。この図に示されているように、現実には、動機づけの低下と調整の難しさという二つの要因が、集団生産性の低下に関与していることが考えられる。

社会的手抜きの効果のみを取り出すためには、調整困難性（綱引きでいえば、引っ張るタイミングのズレ）の効果を切り離す必要がある。そのために先述したような、相手と調整する必要のない大声を出すという実験が実施され、その結果、動機づけの低下、すなわち社会的手抜きの集団効果によるパフォーマンスの低下が明らかになったのである。

この実験手法を用いて集団サイズの効果を検討した結果、他者が１人いると思い込んだ場合のパフォーマンス量は個人単独の場合の82％となり、５人の他者がいると思った場合には74％となったのである。一緒に作業している人数が多ければ多いほど、手抜きも大きくなるということがここでもいえる。

日常に潜む手抜きのチャンス

ここで重要なのは、こうした手抜きは意識しないうちに発生しているということである。本人は全力を尽くしているつもりであり、手抜きをしているとはつゆ思っていない。しかし、結果的には手抜きが生じている。これもまた手抜きの面白さといえる。

「他の人と一緒に作業をしている」と思っただけで、人は意図せず無意識に手抜きをしてしまう。これはなぜか？

さて、ここで社会的手抜き発生の要因を整理しておこう。それらは次の４つに大別できる。

①**評価可能性**（個人の成績がわからないので評価されない）
②**努力の不要性**（他者が優秀であったり、一緒に作業している人数が多いので、努力してもムダ）
③**手抜きの同調**（多くの人が手抜きをしているので、一所懸命課題に取り組んでも正直者が馬鹿をみる）
④**他者の存在による緊張感の低下**（同じことをしている人が他にもいる）

このような場面はいたるところにあり、日常的に社会的手抜きをする機会が与えられているものと考えられる。

４つの要素を一つずつ日常のシーンに則して解説していくことにしよう。

評価可能性――手抜き発生の要因①

個人としての努力が他者から評価されない場合、これは動機づけが高まらないことを意味する。日本の会社で成果主義が採用されるようになったのも、大学で教員の論文数が評価の対象となったり、学生による授業評価が行なわれるようになったのも、成員の動機づけを高めるためのものであろう。「他人からの評価がなければ、真剣にやる気にならない」というのは感覚的にも理解しやすい。やってもやらなくても評価が変わらないという環境では、やる気の涵養ができない。

筆者が大学院生の頃は年齢に比べて論文が多すぎる場合、良い印象を与えなかった。「論文ばかり生産して小役人のようなやつだ」と言われたのである。先輩から「研究者はじっくり考えて、中身の濃い論文を出すべきで、薄っぺらの中身のない論文を簡単に出すべきではない」と繰り返し言われたものである。筆者は論文をあまり書かないままに、運良く大学に職を得ることができたが、このとき「これで一生、論文など気にしなくて、興味のある研究を気ままにすることができる」と思って安心したものである。

それが最近ではまったく様相が変わってしまった。研究者は論文数で評価され、就職できるか否かもそれに左右されてしまうのである。特に文系でも英文の論文があるほうが有利である。現在は一般企業より大学のほうが成果主義になっているのかもしれない。やる気を涵養するために論文の本数による評価主義を導入したというわけだが、大学院生を見ていると、論文数と研究者や教育者としての能力はほとんど関連がないと思われる。ただし、数に代わる評価の物差しを何にすべきか、これは難しい問題である。

努力の不要性——手抜き発生の要因②

たいていの集団や組織は、成員全員が常時全力で働かなければ機能しないというようには作られていない。そのような組織は不健全であり、企業であればブラック企業に分類されるであろう。アリの集団でも働きアリの2~3割しか働いておらず、あとはぶらぶらしているということである。すべてのアリが働かなければならないような余裕のない集団は、おそらく存続できないであろう。

ただし、「働かない」という行動と「働きたくない」という意図は必ずしも一致しない。

筆者が高校生の頃、文化祭の出し物をクラスで作成したことがあった。さまざまな作業があったが、どれもだれかが占有しており、結局筆者は何もすることがなく、ただ友人たちの作業を傍観することになってしまった。仕事がないことの辛さを実感した。働きアリの場合も働きたくてうずうずしているのに仕事がなくて、ぼんやりせざるをえない者が大勢いるのかもしれない。

このように集団全体に与えられた仕事量に比べて構成員の数が超過している場合、努力が不要となる成員も出てくる。そういう成員の中には積極的に手抜きを行なうようになる者もいるかもしれない。

それから、他者の能力が自分と比べて高く、自分の少々の努力は集団全体の生産性にわずかしか影響しないというような状況であれば、努力は不要だと考えるだろう。

綱引き場面を設定して、このことを実験により検証した研究がある。

実験は被験者（男性）を含めて3名によって行なわれた。そのうちの2名はサクラ（実験協力者）であった。実験条件として、サクラが2名とも筋骨隆々のマッチョの男性である場合と、女性である場合が設定された。実験課題は支柱に固定されたワイヤーロープを引くことであった。

実験の結果、マッチョの男性と一緒に引く場合は女性と引く場合に比べて一人当たりの張力が低下することが明らかになった。「マッチョの男性が2人もいれば、自分は多少力を出さなくてもいい」と思ったことは想像に難くない。まさに「努力の不要性」という要因により、大船に乗ったつもりで手抜きをすることが示されたといえる。

会社などでも周囲に自分よりも優秀で能力がある社員が多数いると思う場合には、自らに多少の手抜きを許容する心理状態になることが考えられる。

手抜きの同調――手抜き発生の要因③

「手抜きの同調」という現象もある。

これは他者が手抜きをしているのを見て、自分一人だけが一所懸命働くのが馬鹿らしいと思い、他の人の手抜きに合わせてしまうことを意味する。「腐ったリンゴ効果」と呼ばれる現象はこれに該当する。一つのリンゴが腐ればそれが他の健全なリンゴにも次々に感染するイメージである。英語にも「腐ったリンゴは隣を腐らす」（The rotten apple injures its neighbor）ということわざがある。

筆者の研究室に入ってくる学生の行動は年によって違いがある。もちろん個人差もあるが、全体の雰囲気や行動パターンが学年によって著しく異なる。

ある学年では、ゼミの開始時間のかなり前に学生のほとんどが教室にいて、配布物の用意をしたり、映像機器の準備も行なっていて、筆者が教室に入ると同時にゼミが開始できる状態になっていた。

　しかし、別の学年ではそうではなかった。この学年には元気で活発な男子学生が３名と大人しい女子学生が２名いた。このうちの１人の男子学生は時間にルーズでゼミにも大幅に遅刻して来ることが多かった。そして胃腸が弱く朝起きることができなかったとして、しかめ面をし、腹部を押さえて教室に入って来ることがしばしばであった。本人は運動クラブに所属していて、身体も大きく、血色も良かった。他の男子学生に真偽を確かめたところ「あいつは胃腸が弱い」と口を揃えて証言した。ゼミの合宿を行なったこともあるが、そのときは胃腸が弱い様子など微塵もなく、元気で、夜には大騒ぎをしていた。

　そのうちに２名の男子学生も遅刻するようになり、後には女子学生もさまざまな理由をつけて遅刻するようになった。最終的には30分以上ゼミの開始時間を遅らせなければならないような状態になってしまった。もちろん、ゼミは定刻どおり開始するのがルールで遅刻しないようにと再三注意したのであるが、効果はなかった。このような状態になったのは初めての体験であった。社会的手抜きの感染・同調を実感した。ただし、彼らの卒業論文はきちんとしていて、かつ内容は優れたものであったが。

　反対に、健全なリンゴの存在が際立っていれば、腐りそうなリンゴも回復するということも考えられる。

20年工事し続けた僧

菊池寛の『恩讐の彼方に』という小説がある。江戸時代に「この難所で命を落とす人がいなくなるように」と、川沿いの崖を槌《つち》とのみで掘削してトンネルを掘り始め、20年以上の歳月をかけて工事を達成した僧の物語である。

最初、村人はたった一人で槌とのみだけで掘削を続ける僧を狂人と笑い迫害さえしたが、3年ほど経つと嘲笑しなくなり、僧に向ける眼差しは驚異から同情に変わった。10年ほど経つと村人は進んで工事に寄進し、数人の石工が雇われた。それからしばらく経ち、結局工事がほとんど進展していないことに気づいた村人は失望し、石工も辞めてしまい、僧は再び一人で工事を続けることになった。

しばらくして、まだ僧がたった一人で作業を続けていて、さらに工事が進展していることがわかると村人は驚き、そして多数の石工が工事に参加した。しかしまた難工事に失望し村人は引き上げてしまった。このようなことが何度か繰り返された後、村人だけでなく、僧を親のかたきとつけねらう者と一緒に難工事を全うするのである。

このように愚直な善行は感動や共感を呼び、多数の人の同調行動を誘発することもある。2014年にブラジルで開催されたサッカーのワールドカップの試合で、日本人の観客が試合終了後にごみ拾いをしたことが海外メディアに取り上げられ賞賛されたことは記憶に新しい。

この僧は周囲の評価に一切左右されず、自らの意志のみに忠実に工事に邁進《まいしん》した結果、その意志を周囲に伝播させたわけで「健全なリンゴ」が「腐ったリンゴ」を回復させたといえるかもしれない。ただし、実際の会社などにおいて、この僧のような存在は稀である。腐ったリンゴによる手抜きの感染のほうが一般的といえ、組織に与える影響も大きい。

緊張感の低下――手抜き発生の要因④

一緒に作業している他者の数が増えれば、緊張感が低減することは当然であり、これが動機づけの低下につながることは容易に考えられる。

研究室のゼミに参加する学生の数はたいてい10人以下である。そこでは居眠りをするような者はほとんどいない。ところが、100人近くの受講生がいる講義においては、居眠りをしている学生が多数見受けられる。

これについては国会でも大学の教授会でも同じである。対面で話していて居眠りするような人はまずいないが、数十人の規模になればそうした人がしばしば現れる。

テレビ中継中に居眠りをしている多数の国会議員を見ると、国会はレベルの低い人間の集まりのように思えてしまう。川柳サークルサイト「センクル」に次のようなものがある。

「議員の仕事　ヤジに居眠り　私語と挙手」

もし大学の教授会がテレビ中継されていたら、視聴者は似たような感想を持つだろう。しかし、おそらくどのような聖人君子でも集団の中に埋没して匿名状態になれば、あるいはそのような状況にあると思えば、弛緩して緊張感を失い、動機づけは低下するものと思われる。

このような緊張感の低下は時間経過による慣れによってももたらされる。慣れることは一般的にはポジティブな側面もあるが、対人関係については必ずしもそうではない。昔、お見合いの席では、女性は畳に「の」字を書いたということであったが、そのような初々しさもたいていは長続きしない。結婚すると、いずれは夫のだらしなさや短所も目につくようになり、幸福感は低下し、それにともなってさまざまな面での手抜きが生じることは容易に想像される。

ある研究によれば、ファンタジー物語の登場人物（たとえば、ヒーロー、白馬の王子、ナイト）と夫を重ね合わせる傾向（ロマンティック幻想）が強い妻ほど、現実に直面すると不満を募らせることが明らかになった。空想と現実の落差も社会的手抜きを生む一つの要因かもしれない。

電車内温度と手抜きの関係

10年以上前になるが、その頃筆者は通勤のためＪＲ鹿児島本線を毎日利用していた。冬になると客車に暖房が入れられた。熱源は座席の下に配置されたスチームであった。このスチームは効きが良すぎるために尻が熱くなり、座席にまともに座っていることができないほどであった。ほとんどの座席がそのような状態であった。

我慢して座っていると汗が噴き出すので、窓を開けたこともあったが、冬の冷たい風がまともに入ってくるので他の人に迷惑をかけることになる。そのため尻を浮かせたり、乗車している40分間以上、座席が空いていてもそのまま立っていたこともあった。

他の乗客を見ると汗をかきながらも平気な顔をしていて、巡回してくる車掌に声をかける人もいないようであった。

筆者も数年間我慢しながら通勤したが、ある日、意を決して車掌にスチームの温度を下げてくれるように頼んだ。車掌はそれに対して、「お客さんのおっしゃることはわかりますが、体感温度は個人差がありますので、なんとも……」という返事であった。

筆者は、座席が熱くて、腰を落ち着けることができないほどであること、周りの人も赤い顔をしていて汗をかいていることを主張した。

その結果、車掌の返事は「わかりました。上司とも相談して温度を調整するようにします」というものであった。

しかし、その後も一向に事態は変わらず、座席は熱いままであった。筆者はしばらくして今度は駅の職員に事情を説明した。その返事も前述の車掌と同じような内容であった。今度は期待しながら待ったが、結局変わらなかった。

そこで感じたことは、車内の温度調節に関して、乗客とＪＲの職員の双方が社会的手抜きをしているのではないかということであった。

乗客の立場、ＪＲ職員の立場——会社の規模が大きくなるほど手抜きは現れる

まず、乗客の視点に立って考えてみよう。第一に、車内の温度が高いといっても、冬期

だけであり、数駅だけ短時間我慢すれば済む、いうなれば些事であること。第二は訴えたからといって、その行動がだれかに評価される可能性はほとんどないこと。第三は多くの乗客がいるので、訴えるとしても自分よりうまく主張できる押しが強い人がいるはずであるという思い込みがあること。第四は多くの人が黙っているのに、訴えたりすると「変な奴」「クレーマー」と思われる可能性もあること、である。かくして、実際に温度調整を願い出る乗客はほとんどいないことになる。

一方、ＪＲの職員の観点に立てば、どうであろうか。訴えを取り上げない理由として、変わった乗客の訴えを聞いたとしても上司から評価されない、また職員はたくさんいるのに自分だけがこのようなことで煩わされたくないという思いがあるかもしれない。

これらはすべて前述の社会的手抜きの要因と一致する。会社の規模や職員の数が増大するほど、そして客の人数も増えるほど、社会的手抜きも現れやすくなると思われる。

その後、筆者は転勤したため、鹿児島本線をほとんど利用しておらず、暖房が現在どのようになっているのかわからない。

ちなみに、関西圏のＪＲや私鉄は座席が熱くて汗をかくようなことはほとんどない。温度調節の社会的手抜きはないようである。

高校生はなぜ助けてくれなかったか

さらに次のようなこともあった。今から20年ほど前の梅雨の時期、自家用車で鹿児島本線ＪＲ赤間駅まで行ったことがあった。そのとき大雨が降っていて、駅前の道路が冠水していた。

運転席から見たところ、通行止めもされておらず、水深もたいしたことはないように思えた。電車の時間のことも考えて、かまわず前進したところ、車が急に浮いてしまい、まったく進まなくなってしまった。そのうちエンジンも停止した。

このままではどうにもならないので筆者は車を降り、後ろから押すことにした。運転席のドアを開けたところ、水が勢いよく車内に流入してきた。水かさは腰の上まであった。無理矢理ドアを閉め、車の後ろから押した。最初は車が浮いていたので簡単に押すことができた。しばらく押していると、車輪が地面に着いたが、上り坂だったためにまったく動かなくなった。泥水の中を筆者は必死で押した。しかしぴくともしなくなった。このような状態になっているのは筆者の車のみであった。

そのときは朝の通勤通学の時間帯であったために、高校生が多数、冠水している車道の脇の歩道を歩いていた。歩道は高い所にあり、冠水していなかった。高校生たちは、筆者の孤軍奮闘を横目で見ながら、笑いながら（筆者にはそう見えた）、指差しながら、ゾロゾロと歩いていて、まったく助けようとしてくれなかった。

しばらくして、中年の会社員風の男性が２人、ズボンの裾をまくり上げ、革靴のまま泥水の中に入ってきて一緒に押してくれた。そのおかげで、冠水している所から車を押し上げることができた。もちろん男性の靴やズボンは泥だらけになった。そのままでは会社に行けなかったかもしれない。また汗と雨と泥水で汚れ、呆然としている筆者に付近の商店の人がタオルをかけてくれた。呆然としていたために、助けてくれた人の名前を聞く余裕もなく、それを今も後悔している。

高校生は大勢いたにもかかわらず、なぜ助けてくれなかったのか。ここにも社会的手抜きと似たような心理機制が働いていたことが考えられる。

それは服を汚して助けたとしても、それに見合う評価や報酬が期待できないこと、他の大勢の友だちもまったく無関心そうであることなどである。

では、中年の男性はなぜ助けてくれたのであろうか。それには社会的手抜きの心理を超えた義侠心や同情・憐れみの心、あるいはそのような状況に置かれた経験があったものと思われる。このようなことから考えると、社会手抜きの程度や他者を助ける行動は年齢によって異なる可能性がある。

日本人も、中国人も、アメリカ人も…――国別の「手抜き」調査

国によって、手抜きについての態度はどう変わるのだろうか。これについての研究がある。

欧米は個人主義なのに対し、日本や中国は集団主義の文化といわれている。個人主義の文化では個人のパフォーマンスが正当に評価されない場合は動機づけが高まらないことが予想されるのに対して、集団主義の文化では集団全体への報酬が価値を持っているので、個人的な評価がなされなくても動機づけは低下せず、かえって高まると予想された。

そこで、集団主義の文化と個人主義の文化とで、社会的手抜きがどう現れるかを確かめるために、米国在住の中国人大学院生（1980年頃、エリートだったと思われる台湾と香港出身者）と米国人学生を被験者にして前述した大声実験が行なわれた。

実験の結果、米国人学生の疑似ペア条件のパフォーマンスレベルは、単独条件の82％であった。米国人の場合ははっきりと社会的手抜きがみられたのである。

それに対して中国人の場合は単独条件の１１４％となり、疑似ペア条件のほうが単独条件よりパフォーマンスが高くなった。すなわち、「社会的手抜き」ではなく、それと反対の「社会的努力」が見いだされた。ペアを組んでの作業で、米国人がはっきりと手を抜いたのに対し、中国人はむしろさらにパフォーマンスを向上させた。これは国民性によるものといえるのだろうか。

そこで次に、米国で学んでいる中国人留学生ではなく、台湾の台北で中学生を対象に実験が行なわれた。

すると、疑似ペア条件のパフォーマンスレベルは低くなり（叫ぶ89％、手を叩く92％）、社会的手抜きが見いだされた。さらにインド、タイ、マレーシアでも同様の実験が行なわれた結果、これらの国々でもやはり社会的手抜きが見いだされている。

このことからわかったのは、社会的手抜きは、国家や文化を超えた普遍的現象であることだ。

では、米国在住の中国人留学生だけが疑似ペア実験でパフォーマンスを向上させたのはどうしてなのだろうか。

当時の米国在住の中国人留学生が社会的努力を示したのは、文化差というより、「自分たちは選ばれたエリートであり、中国人の代表者として試されている」という思いが背後にあったのではないかとも考えられる。ちなみに、日本でも実験が行なわれたが、この形式の実験では明確な結果は見いだされなかった。

中国人と日本人、手抜きするのはどっち?

次に同じ東洋人である日本人と中国人の比較実験が行なわれた。中国人は日本人より面子を気にし、他者から経済力や能力が低いと評価されることをもっとも嫌うといわれている。そのため、中国人の場合、自分個人の能力が他者から評価されるような状況(単独作業)では面子を維持するために、パフォーマンスを高めることが予想された。一方他者と一緒に作業する場合は、自分だけが評価されるわけではないので、動機づけを低下させることが考えられた。

このようなことを明らかにするために、大阪大学と鄭州大学(中国河南省の比較的偏差値の高い国立大学。中国の大学ランキングの中でトップ50に入る)で比較実験が行なわれた。実験に用いられた課題は記憶連想であった。それは、一対の単語ペア(例:おがむ—たのむ、いのる—にらむ)を記憶させたあとに、片方の単語(刺激単語)を提示し、対応するペアの単語(反応単語)を想起させるというものであった。

実験は二人一組で行なわれた。被験者が一人ずつ仕切られたスペースに着席したあと、「記憶の改善法に関する研究」をしているというもっともらしい説明が行なわれた。実験中は、被験者の前にあるパソコンに被験者自身の成績と他者の成績がリアルタイムで表示された。ただしこの成績は実際のものではなく実験者が作成したものであった。成績フィードバックは次の4パターンであった。

①高―高条件：他者の成績が被験者の成績より一貫して良い
②低―低条件：他者の成績が被験者の成績より一貫して悪い
③高―低条件：初めは他者の成績が被験者より良く、後に悪くなる
④低―高条件：初めは他者の成績が被験者より悪く、後に良くなる。

実験中にはパソコン画面に記憶すべき単語ペアが提示され、30秒間の記憶時間が与えられた。その後、選択肢が提示され、参加者はキーボードで回答を入力するよう指示された。なお中国で実施された実験も前記手続きと同じ方法で行なわれた。課題は、難易度が日中で同じようなレベルのものが選択された（例：太阳―月亮、星星―曲折）。

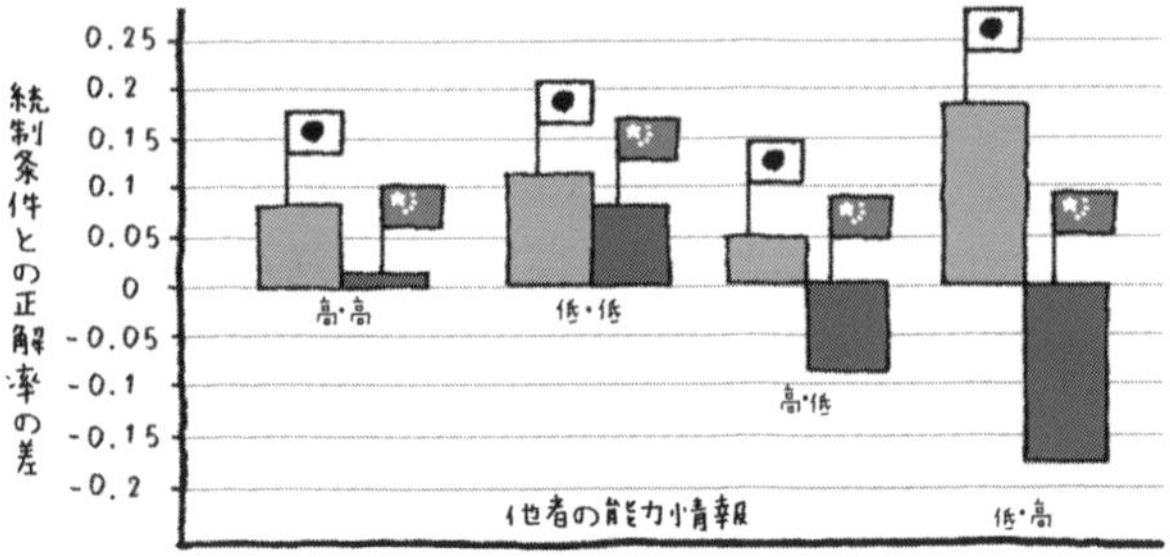

中国人と日本人、「手抜き」しやすいのは?

パートナーの能力が低かった際の〝文化の違い〟

さて、結果はどうなったか?

図の縦軸は統制（一人で課題を行なう）条件との差を示したものである。0より下は社会的手抜きを示し、上は社会的努力を示している。図に示されているように、全体的に中国人の被験者は、社会的手抜きを示すことが明らかになった。ただし、他者の能力が一貫して低い場合は社会的手抜きをしなかった。これは他者より自分の能力が高いので面子が保たれ、課題を投げ出すようなことをしなかったのではないかと推測される。

それに対して、日本人の被験者の場合は

集団になればかえって努力するような傾向がみられた。またこの図の低─高条件、すなわち他者のパフォーマンスが次第に高くなり、相対的に自分の成績が低下していくような条件では、日本人被験者の正解率は上昇するのに対して、中国人被験者の場合は顕著に低下することが示されている。

つまり、中国人の場合、面子がつぶされたと感じた場合にはやる気をなくしてしまうことが考えられる。日本人の場合は逆に、自分のパフォーマンスが相手より低下していくような状況では動機づけが高くなり、なんとか他者についていこうと努力することが考えられる。

一方、他者のパフォーマンスが一貫して低い（低─低）条件では中国人の場合、面子が維持されるために動機づけの低下は起きないことが示されている。

結果をごく単純にまとめると次のようになる。

・中国人＝ペアで作業する際、相方の能力が低い場合は手抜きをしない。相方の能力が高い場合には手抜きしやすい傾向がある。
・日本人＝ペアでの作業時、相方の能力が高いとそれに追いつこうと努力する。

このように、この実験では日本と中国との間に明確な文化差が見いだされたといえる。

ただし注意しなければならないのは、この実験に参加した大学の偏差値の影響もあったかもしれないことだ。一般に偏差値が高い大学の学生は知的能力を要求する課題に対してこだわりが強い傾向がある。そのため他者と比較される場合、特に動機づけが高くなることが考えられる。文化比較実験結果の解釈は単純ではない。

男と女、手抜きしやすいのはどっち？

社会的手抜きに、男女差はあるのだろうか？

たとえば学生の受講態度を思い起こしてみる。授業に真面目に出席し、ノートをきちんととるのは女子学生が多く、試験の前に頭を下げてノートを借りるのは男子学生が多いというイメージがある。また女性は人間関係に敏感であるのに対して、男性は人間関係より課題の達成にこだわる傾向が強いといわれている。オタクと呼ばれ、特定の課題に執着するのはほとんどが男性である。

筆者が塾の講師をしていたときの話である。小学6年生の子どもたちが自宅に遊びに来たことがあった。彼らの話を聞くともなく聞いていると、女の子同士の話はほとんどが男女関係を含めた人間関係についてであった。彼女たちの大人びた会話に驚いたものであった。それに対して男の子の会話は当時テレビで放送されていた仮面ライダーや野球についてであった。彼らはそのようなことの細部までよく知っており、詳しさの競争をしているようであった。

このようなことから、男性のほうが課題達成にこだわるので、それが正当に評価されないような状況では、社会的手抜きをすると筆者は予想した。それに対して女性は人間関係を指向しているので、皆で一緒に作業をするような状況でも社会的手抜きをすることは比較的少ないという予想を立てた。さて、結果はどうだったろうか？

性差による手抜きの実験──綱引き実験

筆者は次のような実験によって社会的手抜きの性差を検証した。また日本でも社会的手抜きが生じるか否かも吟味した。

実験装置は9名の被験者個人の腕力（腕相撲を行なう場合の力）を同時に測定できるものである。９人の被験者が所定の場所に着席したあと次のような説明がなされた。

「この実験は集団作業の実験です。ここでは皆さんが一斉に引っ張った場合、全体でどれくらいの力が出るのかを調べています。一人ひとりの力をみるのではなく、集団全体の力

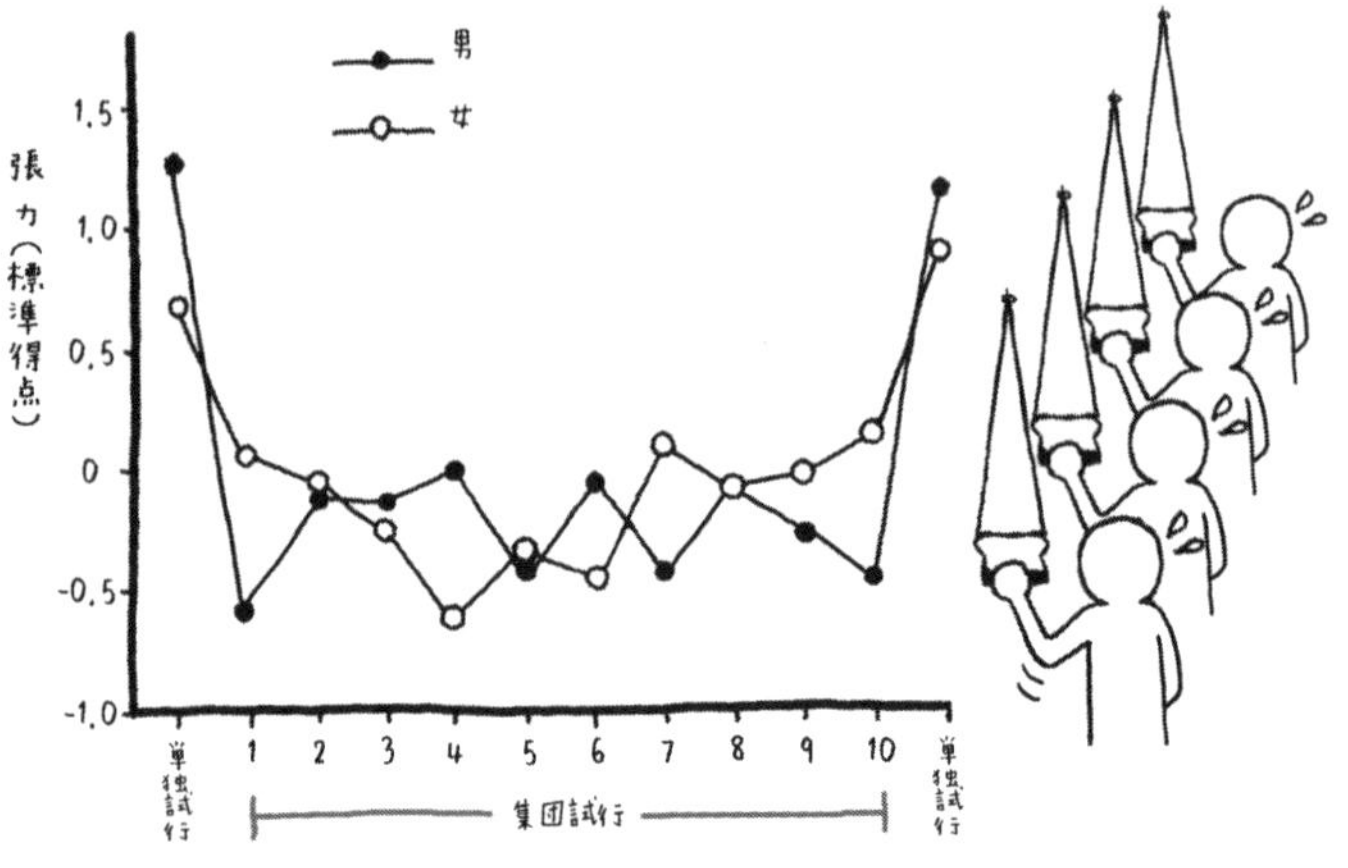

張力の変動

を測定したいと思っています。集団で綱引きをしているような場面を想像してください。目の前に吊革のようなものがありますが、これを腕相撲の要領で力いっぱい引っ張ってください。集団全員の全体としての力だけがコンピュータに記録されます」

しかし実際は被験者各個人の力が測定されていた。

試行数は全部で12回であった。第1試行と第12試行では各個人の力を測定し（単独試行）、その他の試行では集団全体の力を測定する（集団試行）と被験者に伝えた。

実験結果を分析する際に、男女の力を比較するため、男女の平均値と標準偏差が同一となるように調整した。図は実験結果を示したものである。

ここから明らかなように、男性の場合、最初の単独試行に比べて集団の第1試行でははっきりと力を緩めている。また最後の単独試行では最初の単独試行と同じように力を入れている。

女性の場合は単独試行と集団試行の間で男性ほどの差は検出されなかった。

この実験結果から、日本でも社会的手抜きが生じること、それから男性は女性に比べて手抜きをしやすいことがわかった。

比較実験はかくも難しい

比較実験の結果を分析する際に難しいのは、ある現象をもたらす真の原因を実験する前に推定することである。

「風が吹けば桶屋が儲《もう》かる」ということわざがある。これは「風が吹けばごみが目に入り、そのため目を悪くして失明する人が多くなる。それゆえ三味線で生計を立てようとする人も多くなる。そうすると三味線の胴に張る猫の皮が必要になる。猫が捕獲されるのでねずみを獲る猫の数が減少する。その結果、ねずみの数が増加する。ねずみは桶をかじるので桶が必要となり、桶屋が儲かる」というものである。桶屋が儲かった直接の原因はねずみの数の増加であるが、その背後にはさまざまな要因が存在する。

有能な研究者は「ねずみの数の増加が原因である」との仮説を立て実験を行なうであろうが、無能な研究者は「風の強さ」や「目を悪くした人の増加」という仮説を立て、それを証明しようと奮闘努力するかもしれない。

前述の実験は手抜きの男女差を明らかにしようとしたものであるが、ただしこの結果には課題の性質が影響した可能性がある。綱引きは腕力が要求される男性向きの課題である。実際、この実験課題の場合、男性の力は女性の約2倍であった。腕力が強いことは男性にとってかなり重要な能力要素であろう。男であれば腕力が強いほうがカッコいいが、腕力が強い女性はカッコいいであろうか。一人の力が試される単独条件では男性は全力で頑張ったのかもしれない。

女性は手抜きしない

女性はあまり社会的手抜きをしないということをはっきりさせるためには女性向きの課題を男女の被験者に与えてみる必要がある。そこで手芸を課題とした実験が行なわれている。そして、女性向けの課題であることを際立たせるために、作業に使用された布地はピンクであり、部屋にはかわいいぬいぐるみやフリルの付いた刺繍作品が置いてあった。作業は型紙どおりに刺繍をすることであった。作業開始時と終了時にはチャイムが鳴り、被験者はその間作業を行なった。作業時にはヘッドホンを通して時間経過を知らせる信号音が流された。作業開始時に被験者と共同作業者の作業能力を測定する実験であるとの説明がなされ、その際「スピードが大事である」ことが強調された。作業量が基準を超えていれば金銭的報酬が与えられることも伝えられた。実験条件として同性と一緒に作業をする場合と異性と作業する場合があった。

実験の結果は次のとおりであった。

・男性＝男性が共同作業者であった場合よりも女性が共同作業者であった場合のほうがパフォーマンスが劣り、手抜きが生じていた。

・女性＝女性が共同作業者であった場合よりも男性が共同作業者であった場合のほうがパフォーマンスが劣っていた。

つまり、この課題では、男女ともに、同性と作業するときよりも、異性と作業するときに社会的手抜きをしたことになる。

これは何を意味しているのだろうか。

一つ考えられるのは女性向きの課題の場合、男性は女性に任せてしまおうという傾向が強くなるのに対して、女性はどのような課題でも男性に依存するということである。ただしこの実験は25年ほど前に実施されたものであり、現在も同じ結果になるのか否かはわからない。

いずれにしても、女性も条件や課題によっては社会的手抜きをすることが明らかにされたとはいえる。

本章では、社会のいろいろなシーンに忍び込む手抜きを論じた。どこの国でも、男でも女でも、国会議員も学生も、手抜きする。

「朝日新聞」の1985年から現在までの記事を検索してみると、じつに3400以上も「手抜き」という言葉が含まれた記事が存在する。「工事」に関連したものが33%、「仕事」がらみが20%、「料理・家事」が17%だ。人間の社会的行動は手抜きと切っても切れない関係にあるといっていい。

次章では、さまざまな状況で生じる社会的手抜きを取りあげ、他人任せになりやすいのはなぜなのかについて考えることにする。

第2章　「誰かがやるでしょ」の心理学

――〝他人まかせ〟はこうして生まれる

多重チェックはミスを増やす

一歩間違えば人の生死にかかわる重大な事故につながる作業、たとえば医療現場や原子力発電所では、単一の作業や操作に対して複数の人が確認を行なうことが多い。すなわちダブルチェックやトリプルチェックをする。もし一人が100回に1回の割合でミスをするのであれば、ダブルチェックをすればミスは1万（100の2乗）分の1となり、安全性は飛躍的に高まるはずである。

しかし社会的手抜きと同様に、集団サイズ（チェックをする人の数）に比例して、集団全体の安全性が高まるとは限らない。多重チェックをしているにもかかわらず、投薬ミスや手術患者の取り違えが起きている。

たとえば筑波大学付属病院では複数の医療関係者がかかわりながら、1人の医療スタッフの単純ミスをだれも発見できなかった（2000年）。また横浜市立大学附属病院では、手術前に病棟看護師、手術室看護師、麻酔科医、主治医、外科医など複数の職員が患者の確認を行なったにもかかわらず患者が取り違えられてしまった（1999年）。

また2012年9月18日に、福島第一原子力発電所事故発生後、最後の内閣府原子力安全委員会が開催されたが、その終了後の記者会見で班目《まだらめ》委員長は「経済産業省原子力安全・保安院とのダブルチェック体制で原発の安全性を厳格に審査するとしてきたが、それが形骸化していた」と述べている（「日本経済新聞」2012年9月18日夕刊）。

すなわち原発においてダブルチェックが機能していなかったことを行政の責任者が認めたのである。

安全性を高めるための施策が必ずしもその目的を達成しないのは、集団内で社会的手抜きと同様の心理的メカニズムが働いているためであろう。すなわち集団成員の努力の不要性認知（他の人が確認しているのだから自分が一所懸命確認の努力をする必要はない）が高く、逆に、評価（自分の努力が他者から認識され、評価される）可能性や道具性（自分個人の努力が全体の安全の向上に役立っている）認知が低いことが考えられる。また複数の人が関与することによる責任の希薄化（分散）もありうる。

多重チェック実験で「安全性向上」は否定された

多重チェックが安全性の向上につながらないことを示した実験的研究がある。

この実験では複数の被験者が間仕切りのある机に一列に並び、封筒に印刷された住所、氏名、郵便番号を住所録に照らし合わせて順に確認する作業を行なった。封筒は３００通あり、その中には印刷ミスがあるものが３通含まれていた。たとえば住所録（正）の郵便番号は「２２８‐８５２０」であり、封筒の番号（誤）は「２２８‐８５００」であった。住所に関しては正が「東京都豊島区目白２‐３」であり、誤は「東京都新宿区目白２‐３」、氏名は正が「斉藤康文」であり、誤が「斉藤康則」であった。チェックは１人で行なう場合から５人で行なう場合まで、５段階の多重チェック条件を設定した。

次ページの図は印刷ミスの発見率を示したものである。この図でわかるのは作業に参加する人数が増えればグループ全体としてミスの発見率が上昇しているわけではないということだ。

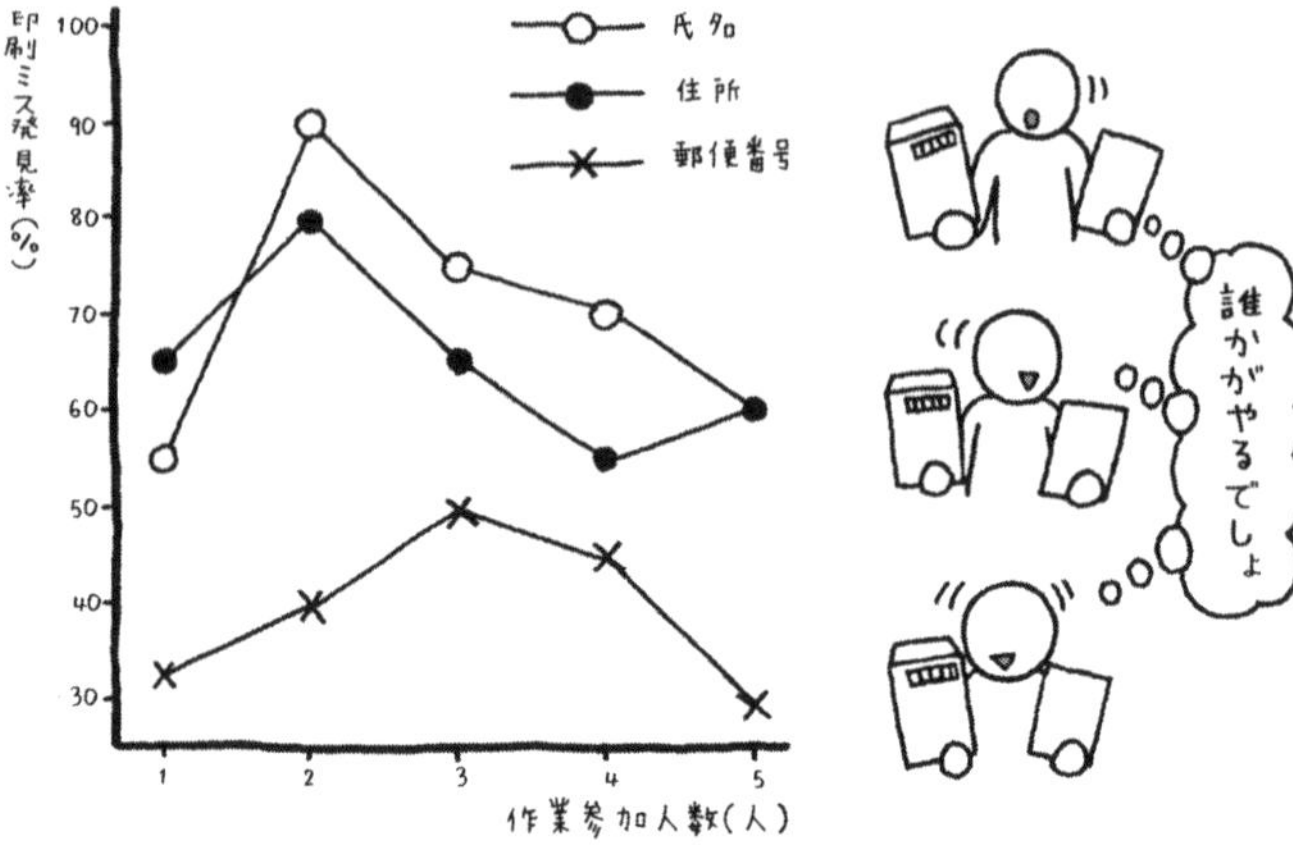

作業参加人数と印刷ミスの発見率

氏名や住所に関しては2人の場合の発見率がもっとも高く、住所に関しては3人が最高になっている。

この実験結果は4重以上のチェックによってかえって全体のミスが発生しやすくなることを示している。

「自分以外がやっているなら大丈夫」という心理

筆者らも集団で線の長さを判断するような実験を行ない、多重チェックとミス発見率の関係について調査した。

課題は1人で判断した場合、ほとんど間違うことがないような易しいものであった。それでも、他の人（サクラ）が口を揃えてわざと間違った回答をした場合、それに引きずられて被験者はかなりの割合でサクラと同じ回答をした。サクラが１人の場合、14％しかサクラと同じ回答（間違った回答）をしなかったが、サクラの人数が増えるに従って誤答が増加し、サクラが５人になると66％が誤答であった。また誤答の場合は正解の場合（他者と異なる回答をする）と比べて判断が早く、線をよく見ることなく、いい加減に回答しているように見受けられた。他の人が一致して同じ回答をしているので間違いはないと思い込んでいるようであった。

ここには「自分以外にも他の人がチェックしているのだから大丈夫だろう」という心理が働くものと思われる。チェックする人数が増えれば増えるほど、「大丈夫だろう」と考える〝他人まかせ〟の心理が強化される。このことからも単純な多重チェックはかえって危ないことがわかる。

われわれは、多くの人が口を揃えて言うことは正しいものだと思い込んでいるところがある。そのほうがエネルギーが節約できて効率的であり、身の回りに起きるたくさんの出来事の正誤をいちいち確認していたらとても対応することはできないだろう。その意味で社会的手抜きは適応の有力な手段であるかもしれない。しかし場合によってはこのような他者依存が事故や災害につながることがある。

リスクを高める方向へ向かう人間——リスクホメオスタシス

リスクホメオスタシスという考え方がある。これは前述のようにチェック体制を多重化したり、安全技術を導入したりすることによりリスクが低下したと認知すると、かえって人間はリスクを高める行動をしてしまうというものである。

車にＡＢＳ（アンチ・ロック・ブレーキ・システム）がついている場合とついていない場合の事故件数や運転行動を比較した研究がある。ＡＢＳは急ブレーキをかけたときなどにタイヤがロック（回転が止まること）しないようにすることにより、車両の進行方向の安定性を保ち、ハンドル操作で障害物を回避できる可能性を高める装置である。

比較の結果、ＡＢＳ車と非ＡＢＳ車の間に、事故の件数も大きさも差はみられなかったが、前者は後者に比べて、急減速、急加速の頻度が多く、合流の際の調整が乱暴なため周りの交通を混乱させることが明らかになった。

その他にも視認性を高める装置を用いたシミュレータ実験では、ドライバーが夜間や霧の条件でも速度を落とさないことや、信号のない交差点で横方向からの接近車を知らせる情報を提供すると左右確認回数が減少することがわかった。

このように他者の介在や機器の進歩により安全性が高まると、安全に対する動機づけが低下するというパラドックスが発生するのである。大船に乗った気持ちになると、社会的手抜きをして楽をしようとするのが人間なのだ。

ルーチン化の呪縛

最近、無人でも運転可能な完全自動化された車が開発されている。航空機も自動化が進み、離着陸を除いてほとんど自動操縦となっている。このような機器の進歩が安全性を高めていることは疑いないが、そのために操縦者の仕事はもっぱら計器のモニター作業というルーチンワークになってしまっている可能性がある。

これは滅多に間違いをしない他者の仕事を延々と監視し続けるという、多重チェック状況と似ている。

そのようなとき、もし緊急事態が発生したり、機器が正常に作動しなくなったら、操縦者は動機づけが低下した状態を一挙に脱し、しかも冷静に行動することができるであろうか。もちろん航空機の場合はあらゆる緊急事態を想定した操縦訓練が繰り返し行なわれている。しかし機器に対する信頼性が高い状況では、訓練が現実の緊急事態の対応行動に負の影響を与える可能性はないであろうか。すなわち訓練すればするほど、いざというときの行動の柔軟性が失われて、訓練で想定した以外の事態が発生したときに、対応行動がとれないことはないであろうか。

ルーチンスの水瓶問題

表は米国のルーチンスが考案した水瓶《みずがめ》問題である。a、b、cという瓶を使ってdの量だけを汲み上げるのが課題である。たとえば問題1では「b－a－2c」が正解である。皆さんも問題2から実際に取り組んでみていただきたい。

問題9まではすべて問題1と同じ方法で解決可能である。しかしよく見れば、問題6は「a－c」でも正解であり、問題7は「a＋c」でも正解である。すなわち上から順に回答していった場合、途中から以前より効率的な解決方法が使用できるのである。しかし時間的なプレッシャーがかかっていたりすると、効率的な解法に気づきにくくなり、「b－a－2c」という方法で解き続けることになる。

要するに訓練や対策がなされればなされるほど、緊急事態では過去の方法にこだわって逆効果になるというパラドックスである。

問題	与えられたます			汲むべき量	回答
	a	b	c	d	
1	21	127	3	100	b-a-2c
2	14	163	25	99	
3	18	43	10	5	
4	9	42	6	21	
5	20	59	4	31	
6	26	55	3	23	
7	23	61	5	28	
8	21	53	11	10	
9	25	92	14	39	

水瓶問題

これを防ぐためには訓練がルーチン化しないことが大切であろう。

　訓練をルーチン化させないというのはなかなか難しい。というのは、もともと訓練は行動をルーチン化させるために行なうものだからである。ただ、このルーチン化が進み過ぎると逆効果となることが危惧されるのである。

　ベテラン歌手が若い頃歌っていた曲を歌うとき、わざとテンポをずらしたり、妙なビブラートを効かせたりしていて、あまり印象が良くないことが多い。歌がルーチン化して、若い頃の初々しさを忘れるためにこのようになってしまうのであろう。

　訓練もそれと同じで、絶えず初心を忘れず行なうべきであろう。それから個々の訓練時にそれぞれ別々の事態を想定して行なうとよいかもしれない。訓練を漠然と前回と同じように行なうのではなく、それぞれテーマを設定して実施するのもルーチン化を防ぐ一つの方法であろう。

またこのようなパラドックスが存在することを当事者が絶えず認識しておくことが何より重要となる。

居眠りが許される国・ニッポン

われわれはいつも気を張り、全力で目標を達成しようとしているわけではなく、日常の大部分の時間はいわば弛緩した状態にある。授業中に学生が居眠りするのは、社会的手抜きが発生する状況と同様の要因、すなわちたくさんの受講者の存在による責任の分散と評価可能性の低下が働いているためである。

居眠りをするのは学生だけではない。前述したように、しばしば国会議員の居眠りも問題になる。２０１２年9月29日の朝日新聞朝刊の「声」欄に次の記事があった。

「若い世代　居眠り議員の多さに驚いた」中学生　池崎萌子（東京都港区　14）

21日に行われた民主党代表選の投開票のテレビ中継を、初めてリアルタイムで見ました。ちょうど学校の試験休みと重なったためです。代表選がどんな風に行われるのか、興味がありました。テレビ画面を見ているうちに、会場にいた民主党議員の人たちが居眠りをしている姿が目にとまりました。テレビ局の人が、わざと居眠りをしている議員を映しているのかと思うほど、その人数が多く、おどろきました。党の代表は、限られた人だけの投票で選ばれます。投票権のない私たちの代わりに投票しているという意識をもっと持ってほしいと思いました。一緒に見ていた母に、「居眠りしている人がいる」と言うと、「国会中継の時はもっといるよ」と言われ、がっかりしました。私もあと6年で選挙権がもらえます。選挙に関心がもてるような国、国会にしてほしいです。政治家の皆さん、頑張ってください。

国会議員でも居眠りをするということは、公共の場所での居眠りが許容される暗黙の規範が日本には存在しているのかもしれない。

英ケンブリッジ大のブリギッテ・シテーガ准教授が著した本『世界が認めたニッポンの居眠り』（CCCメディアハウス）によれば、日本に来た外国人は、日本人が電車でも教室でも会議中でもどこでも「居眠り」するのに驚くらしい。仕事中や会議中に居眠りをしても、それほど厳しくとがめられない。

シテーガ氏によれば、日本ではその場に居ることにより義務が果たされたと解釈され、居眠りが容認されるという。

欧米人であれば、仕事や勉強は昼行ない、眠るのは夜であり、昼間から居眠りをすると「怠け者」だとみなされてしまう。事情を知らない外国人教師の中には学生の居眠りに怒りを感じる人もいるらしい。日本では公的空間での私的な行為がある程度許されているとシテーガ氏は考えている。

このような居眠り行動は高校でも確認されている。日本青少年研究所の国際比較研究によれば授業中に居眠りをしたことがあると回答した高校生は日本が81％、米国53％、中国52％、韓国91％であった。日本と韓国は居眠りの割合が高い。この結果の解釈として、第一は前述のような文化的要因の影響、第二は受験システムの影響が考えられる。日韓は大学入試の受験競争が米中に比べて厳しく、教師も生徒の居眠りを容認しているのかもしれない。

私語の世界――授業中、私語をする生徒は7割

居眠りは、授業中の不適切行動としては程度の軽いものだが、それに対して私語は他者に及ぼす影響が大きい。

かなり以前から大学では授業中の私語が増えたということがいわれている。大学によっては、授業中に私語のみならず、内職をしたり、なかには教師の目の前で化粧をするといったこともあるそうである。そこである大学では授業開始時に「起立、礼」を行なったり、私語をやめない場合は立たせる、最初の授業でスマホ・携帯の使用ルールについて告知したうえで違反者のスマホを取り上げる、といった対策をとっているということである。このようなことから高校でも私語が蔓延していることが想像される。

高校における私語についての調査がある。それによれば授業中に私語をしていると回答した高校生は日本が72％、米国91％、中国70％、韓国84％であった。高校のレベルでは日本における私語が突出して多いとはいえない。それでも7割以上の生徒が授業中に私語をしているようである。

また、授業中の私語や成績と座席位置の関連についての研究によれば、教室後方ほど授業と無関連の私語の頻度が高く、また友人の数も多くなる傾向があることがわかった。教室の後方に着席している学生の成績や学習意欲は低く、友人の数だけでなく学習意欲の低さの表れとして私語が生じたとも考えられる。教室の後方は教師の目が届きにくく、授業中に手抜きをしようとしている学生にとっては格好の場所となっているのである。

私語をなくすためのいくつかの試み

筆者の前任校（十数年前）は北九州市にある国立の工業単科大学（九州工業大学）であった。真面目な学生が多く、私語は皆無であった。ただし、工学部はレポートの負担が大きく、そのため筆者が担当する教養科目の講義中にレポート作成に取り組んでいる学生はいた。それから現在、在籍している大学でも私語はほとんどない。そのため筆者は、授業中の私語がなぜこのように問題になっているかについて、実体験があまりない。

ただし、前任校に在籍していた頃、ある女子大に非常勤講師として勤務したことがあるが、ここでは私語に悩まされた。授業内容が統計学ということがあったかもしれないが、板書を始めると私語がひどくなり、振り向いて大声で注意してもほとんど効果がなかった。

あまりにも騒がしいので、しばらく沈黙していると、それに気づいたのか、徐々に全体が静かになった。そこでまた講義を始めるとまた騒がしくなるのである。

ある日、一人の学生の私語がひどいので、教室から出て行くように求めたこともある。

しかしこれが人違いであることがわかり、その学生と友人グループを前にして謝罪せざるをえなかったこともある。そこで、学生を教室の前方に着席させたり、一人ひとり、間を空けて座らせるような試みを行なったこともある。また、簡単な計算問題を課して回答させたり、名前を指名して発言を求めたりした。これに関しては少々効果があったように思える。しかし、結局は統計学という、学生にとって興味がなく、もともと学習する動機づけが低い分野の授業は、どのような工夫をしても限界があることを実感するに至った。

私語をなくすために、教育現場では今もさまざまな試みが行なわれているようである。たとえば、「私語反則切符」というものを用いた所がある。

そこでは私語をした学生に切符の半分を渡し、そこに日付と氏名を書かせ、あとの半分にも同じものを書かせ、片方を教師が受け取る。受講のルールは切符一枚につき、成績が10％カットされること、切符を切られた日には教室から出ることである。ルールは厳格に運用し、実際に成績は切符一枚につき10％カットする。また授業中に「私語時間」を設けて、その時間だけは自由に私語ができるようにした所もある。

私語をなくすための試みはそのまま他の社会的手抜きの低減方法と重なる。つまり、評価可能性を高め（教師から氏名を確認される）、道具性を意識させる（減点される）ことである。いずれにしても、さまざまな方法を用いて学生を授業につなぎ止めることは不自然でもあり、最終的には動機づけの高さが求められる。

昔、京都大学の某先生は学生に対して「授業には無理に出席しなくてもよろしい。単位が必要であれば申し出るように」と言ったということである。古き良き（？）時代の話である。昔は、卒業するための単位さえ取れれば、学生は成績の内容にはほとんど関心がなかった。しかし現在は欧米の大学の一般的評価方法であるＧＰＡ（グレード・ポイント・アベレージ）制度を用いるようになっている。これは学生一人ひとりの履修科目の成績評価の平均をＧＰ（数値）により表すものである。教育の国際化と学習意欲の向上をねらっているらしい。大阪大学では教養課程で優秀な成績を示した学生を学長が表彰し20〜25万円の副賞が与えられることになっている。学生にとってこれは大金であり、これによって学習意欲が向上し、受講態度も良くなればよいのであろうが、先述した数学者ペレルマンの行動と比較すればどこか淋しい話である。

どうして手抜きを研究するか

筆者の経歴に触れたついでに、手抜き研究に至るまでの来歴をかいつまんでお話ししておこう。

筆者はいわゆる「しらけ世代」といわれた団塊世代のあとの世代に属する。団塊世代は70年安保闘争のおもな担い手で過激な政治志向がその特徴であった。その当時の記録映像を見ると、政治や社会の問題について口角泡を飛ばして議論し、目が澄んで、キラキラしていて、純粋で……そのような若者が大勢いたことがわかる。

それが先鋭化し、浅間山荘事件やよど号ハイジャック事件、イスラエルのテルアビブ空港乱射事件など次々と重大な事件につながった。対立するセクト同士による内ゲバでリンチ殺人事件も数多く発生した。

内ゲバは初めは全学連の主導権争いをめぐり、集団で旗竿、角材等を使用して殴り合う形で始まった。それが次第にエスカレートし、武器も鉄パイプや斧等となり、攻撃対象をあらかじめ選定して自宅や路上で襲うなどするようになった。特に革マル派は、中核派と革労協との間で内ゲバを繰り返し、それぞれの書記長までも殺害した。これまでに、「内ゲバ」の被害者は死者１００人以上、負傷者は４６００人以上ということである。特に70年代の前半に多くの死傷者が出ている。

浅間山荘事件も実況中継されていたので事件の始まりから終わりまでテレビにかじりつくようにして見ていた。その当時高校生だった筆者は当初、学生運動家を強者に立ち向かう立派な人たちだと思っていた。しかし、テレビ中継を見て、目的達成のためには、犠牲もともなうことはやむをえない面があるとしても、「女性を人質に取り、母親を悲しませ、父親を自殺せしめ、警官や民間人を殺害したりする行為にどこまで正当性があるのだろう」と世俗の側から見るようになってしまった。また、逮捕されたメンバーのみすぼらしい姿を見て「大学に入学してもあのような学生にはなりたくない」と思ったものである。

しかし入学すると、革命について情熱的に語る先輩（留年を繰り返していた）が同じ下宿にいて、毎晩同じ話を聞かされることになった。それから教養科目の授業が開始される前に運動家の演説があり、それが終了したあとに担当教官がおもむろに教室に入ってきて授業が始まるということが慣例になっていた。当初は演説と授業は一体で運営されていると思い込んでいたほどである。

その一方で、同学年の友人の多くは学生運動にはあまり関心がなく、フォークソングやロック音楽に熱中したり、ダンスパーティや合コンに精を出す者もいた。また、その当時は授業にあまり出席しなくても結構単位が取れて卒業が可能であった。要するに不真面目な学生生活を送ったのである。

「努力」「一所懸命」への疑い

筆者の世代は、理想に燃えて情熱的に取り組んだ先輩たちの行為が惨憺《さんたん》たる結果をもたらしたことを目の当たりにしているので、「努力」や「一所懸命」や「改革」といった言葉を声高に叫ぶ人を見るとうさんくささを感じる傾向があるのではなかろうか。

団塊世代に属するテレビのコメンテーターが「なぜ今の若者はもっと政治や社会に対して抗議しないのですかね」などと発言することがあるが、自分たちが若者であった頃の、あの形での純粋さが若者の「正しいあり方」だと思い込んでいる。

現在も「正しいこと」はたくさんあり、それが真面目に、かつ声高に叫ばれていて、それに対して公の場で疑問を呈することは許されない。「改革」「国際化」「ハラスメント防止」などがそれである。

一方、目が澄んで努力する人の集団が社会にいかに厄災をもたらすかは、オウム真理教による一連の事件をみても明らかである。信者の一人ひとりはおそらく純粋で、真面目に理想的境地に達することを追求する人たちだったと思われる。しかし、正義も理想も改革も努力もそれが極端になればネガティブな面が顕在化するのは過去の事件をふりかえれば明らかである。

ただし、理想も持たず、努力もしない、すべてテキトーという人が社会の多数者になれば、そのような社会は存続しえないことも確かである。植木等が歌っていたような「スーダラ節」の社員や、西田敏行が演じる「釣りバカ日誌」の「ハマちゃん」や、高田純次の「5時から男」ばかりでは会社は倒産するだろう。

目が澄んだ人、目が濁った人

ある地球科学者はいろいろな川の長さと水源から河口までの直線距離の比の平均値が円周率（3・14）に近くなることを発見したということである。川は少しでもカーブがあれば、外側の流れが急になるので浸食が進み、カーブは次第に急になる。しかし、それが限界を超えると、カーブが切れて直線に近いバイパスができる。バイパスに取り残された部分が三日月湖となる。このようなプロセスが長期間にわたって繰り返されることによって、川の長さと水源から河口までの直線距離の比が一定の範囲に収まるということである。

自然だけでなく、社会や集団もこのような、曲がろうとする力と真直ぐ進もうとする力の相克によって均衡が成立していると考えられる。集団の中に社会的手抜きが蔓延すれば流れが滞留するようになる。そのうちにこの状態を打破し「勤勉努力」というバイパスによって、川の流れをスムーズにするような力が働く。

しかしながらこのような直線バイパスは潤す範囲が狭くなる。そのような集団は、多くの集団成員にとっては息苦しいものであろう。江戸時代の松平定信による寛政の改革を揶《や》揄《ゆ》した川柳「白河の清きに魚も住みかねて元の濁りの田沼恋しき」が有名である。直線ではなく円周率で表されるような集団のあり方が望ましいと筆者は考えている。

社会や集団は理想を掲げ、真面目に努力する「目が澄んだ人」とそれが極端になることを抑制する、あるいは不可能にしてしまう「目が濁った人」によって成立しているものと思われる。それから個人の中にもこの両側面があり、このバランスによって人格が統合されているとも考えられる。

筆者はどちらかといえばこの「目が濁った人」に共感を覚えるものである。また、人格も「努力」と「手抜き」のバランスによって成り立っていると考えるなら、筆者の場合は「手抜き」のほうがやや優勢なのかもしれない。

つまり、手抜きとは社会にも個人にも必ず生じてしまい、さまざまな社会問題の背景に存在する厄介者であると同時に、集団や組織を維持していく側面も持っている黒衣でもある。そして、筆者にはこの手抜きという現象が蠱惑《こわく》的ですらある。筆者は、その魅力ゆえ社会的手抜き現象について分析する「努力」をするものである。

「投票の棄権」という手抜き

ここまで個人や集団の中における手抜きをみてきたが、国家レベルでも手抜きという現象がみられる。そして、日本国民全体で、年々「手抜き」の度合いが進行している〝イベント〟が存在する。

選挙である。

民主主義にとって人々が主権を行使（投票）することはもっとも基本的なことである。その意味では、投票に参加しないこと（棄権）は、社会的手抜きの一例である。

ご存じのとおり、日本では国政選挙の投票率は低下傾向にある。たとえば衆議院議員総選挙では、過去の最高投票率は１９５８年の76・99％で、最低投票率は２０１４年の52・66％である。

どうしてこのような「手抜き」が生じてしまうのか？

このような傾向には一票の重みに対する認識の変化が影響している可能性もある。一票の重みは選挙区によって異なるが、当選に必要な票は議員一人当たり８万～32万票である。ということは個人の投票行動が選挙結果に影響する確率は非常に低く、宝くじ並みといってもよいくらいである。

そのために「自分が投票してもしなくても、大勢に影響はない」と考える有権者の「努力の不要性認知」は非常に高いであろう。ここでも「他人まかせの心理」が働いていることになる。また、時間やその他のコストをかけて投票所に行き、投票をしたとしても、それに対する「評価可能性認知」も低いと思われる。

こうしてみると、国政選挙においては社会的手抜きの条件は整っており、棄権の確率が大きくなることは当然といえば当然である。

選挙は集団サイズが極端に大きい典型的な手抜き実験状況に類似したものといえる。

逆にいえば、そのような課題構造（綱引きのように全員の仕事量がプールされ、個人の貢献がわからない加算的課題）にもかかわらず5割以上の人が投票するということは、ある意味では驚くべき現象（非合理的行動）ともいえる。

「大阪大学に来るため、どれくらいのカネを使ったのですか？」

私が初めて投票したのは九州の田舎の町会議員の選挙時である。そのときは大学生になっており、選挙のために帰省した。親から呼び戻されたのである。村はずれでは村人が警戒に当たっていた。他の地域から、侵入者が入ってこないようにということであった。

筆者はもちろん同じ村から立候補した人に投票した。その候補者は当然当選した。小さな村であるが、村の有権者が一致して投票すれば当選ラインを悠々と超えるものであった。選挙は初体験であり自分が選挙権を行使しているという感激のようなものがあった。

その印象が強かったからかもしれないが、特別なことがないかぎり、ほとんど選挙に行っている。なぜ自分が選挙に行くのかについて深く考えたことはないが、参加したという自我関与感を得るためのように思われる。

これに対し、大学における投票では自我関与感が明確である。大学では何かにつけて投票が行なわれる。学長や学部長の選出、教授や准教授の採用や昇任、博士論文の承認などさまざまである。

筆者は10年ほど前、大阪大学に赴任してきた。大学から紹介された住居は公務員宿舎の1階の端であった。

入居2カ月後くらいだったであろうか、所用のため数日留守にしていたが、その間に空き巣被害に遭った。帰宅してみると玄関のドアが開いていて、ベランダの窓ガラスが割られていた。幸い、ほとんど何も盗まれていなかった。単身赴任のため、パソコン以外はめぼしいものはなかったのである。しかも泥棒がパソコンに興味がなく、持って行かれなかったのも幸運であった。

夜の10時頃であったが急いで警察に電話した。しばらくして数人の警官と刑事が来た。彼らは窓を調べ、筆者からは指紋を採り、そして事情聴取を行なった。その中で筆者は、最近大阪大学に心理学の教授として赴任してきたばかりであることなどを報告した。

それからは、事情聴取というよりほとんど雑談になってしまった。刑事は「自分は大学の教養課程で心理学を受講したことがあるが、あまり出来の良い学生ではなかったので講義内容はほとんど記憶していない。しかし心理学には大変興味がある」などと言っていた。その当時テレビでは唐沢寿明主演の「白い巨塔」が放送されていた。これは大阪大学の医学部がモデルとなっているといわれている。そのドラマの中には教授選考が行なわれ、派閥の駆け引きや札束のやり取りといった激しい選挙活動が展開される場面がある。勝利した側は祝杯をあげ、破れた側の派閥のボスは失意のまま大学を去るのである。

刑事はそのドラマを見ていたらしく、真面目な顔でこう尋ねられた。

「あなたも大阪大学に来るために票のとりまとめ等、かなり工作をされたのでしょうね。いったいどのくらいの金を使ったのですか？」

雑談に終始して、結局彼らが帰ったのは午前２時頃であった。その後、警察から何の連絡もなかった。大学で行なわれている選挙についてのイメージ形成に、このようなドラマがかなり影響していることを実感した。

それでも投票する理由

米国のライカーらは投票参加行動の合理的選択モデルを提案している。このモデルでは、有権者は自分の効用を極大化するように合理的に行動することを前提にしている。そのモデルが次のものである。

R=P×B−C+D

R：利得（Rの大きさ如何によって投票するかどうかが決まる）
P：自分の一票が選挙結果に影響する主観的確率（一票の重みの認知）
B：選挙結果の如何による利益の差（支持した候補者が当選したことによって得られる利益）
C：投票参加にかかるコスト（投票のために予定を空けたり、投票所に足を運んだりする労）
D：投票することの社会的価値や心理的満足感

このモデルを社会的手抜きの考えに当てはめれば、Ｒは「社会的手抜きの大きさ」と対応し、Ｐは「集団サイズ」、Ｂは「行動の道具性」、Ｄは「個人の報酬（価値）」と対応する。Ｃは「評価可能性」と関連しているかもしれない。このように考えれば、このモデルは社会的手抜きの発生条件をすべて網羅しているといえる。

集団が大きくなると棄権が増えるのか？

集団サイズが増大すれば社会的手抜きの程度も増大することは、実験室での実験で繰り返し実証されているが、投票参加行動に関しても、同じような現象が見いだされている。たとえば一票の重みと投票率の間に高い相関を見いだしている研究がある。これは一票の重みが大きければ大きいほど、投票率が高くなることを示している。

ただし、この相関に影響しているものとして、都市、年齢、居住年数、産業などの要因が考えられる。都市部ほど、若い人が集まっている地区ほど、居住年数が短い人が集まっている地区ほど、そして農業や商工業のような自営業者が少ない地区ほど、人口増加率が高く一票の重みが小さくなっている。そしてそのような人たちは全般的に投票率が低いといえる。このことが一票の重みと投票率の見かけ上の高い相関をもたらしている可能性がある。

たとえば、都市部であろうが町村部であろうが若者の投票率は低い。一票の重みが小さい地区は全般的に若者が多く、そのために投票率は低くなっているとも考えられ、一票の重みと投票率は見かけ上の相関を表しているにすぎないかもしれない。

そこでこのような要因の影響を統計学的手法を用いて取り除き、一票の重みの純粋な効果のみを抽出しても一票の重みは投票率に影響していることが明らかになった。ただしその寄与率は3％ほどで、かなり小さい値であった。このことは投票行動に集団サイズが及ぼす影響はかなり限定的なものであるといえよう。

投票の満足感、投票者の錯覚

集団サイズが増大しても投票参加行動がそれほど低下しないのはどうしてだろうか？

おもに二つの理由が挙げられる。その第一は、投票することの社会的価値や心理的満足感（ライカーのモデルの要因D）の効果が大きいことである。

ライカーらはこれに関して次の5項目を挙げている。皆さんの投票参加行動と比べていかがだろうか。

①投票することによって民主主義を支える市民としての責務を果たすことができたという倫理的満足感
②政治システムに対する忠誠を確認できたという満足感
③自分が支持する候補者や政党について意思表明できたという満足感
④他の楽しみを犠牲にして投票所に足を運んだという満足感
⑤自分の投票によって政治に影響を与えうることを確認できたという満足感

これらはすべて社会的手抜き発生条件の一つである個人の報酬価値を高める認知的方略であるとも考えられる。つまり、さまざまな満足感を与えることによって手抜きを防ぐことは可能になる。

投票行動には絶えず社会的手抜きを促す力が働いているので、民主主義のシステムを維持するためには投票参加行動の主観的価値や満足感を高めるような幼少時からの教育が大切ということであろう。それに反して、日頃大量に流される政治や政治家に関するネガティブ情報は民主主義に対するシニシズムと投票参加行動の社会的手抜きを助長しているかもしれない。

集団サイズの増大が投票参加行動をそれほど低下させない第二の理由として、現実の一票の効力と主観的効力が必ずしも一致しているわけではなく、認知的バイアスがかかっていることである。

認知バイアスの一つとして「投票者の錯覚」がある。これは自分が支持している候補者を同じように支持している大多数の人々に、自分の投票行動（投票か棄権）を投影することである。いわば自分の投票行動が、志を同じくする他者の行動を誘発すると無意識に考えるのである。あるいは投票者が自分の行動を、大多数の他者の行動を予測するうえでのリトマス紙とするというものである。自分の行動が多数者の行動の手がかりになるので、自分が投票すれば多数者の投票行動も期待できることになる。

これは因果推論としてはおかしなことであるが、われわれは日常的にこのような推論を行なっている可能性がある。

たとえば入学試験の合格発表の前日に、合格を祈るような行動もこの種の行動の一つである。もうその時点では合否は確定しているのだから祈っても仕方がないといえば仕方がない。自分の現在の行動が、すでに決定している結果でも変化させうると無意識に考えるのかもしれない。このような人は、自分の投票行動が多数者の投票行動を変化させうると認知するので、集団サイズの影響は受けにくいと考えられる。したがって投票に行くのである。

もう一つの認知バイアスとして「自己関連づけ推論」がある。たとえば自分が投票したときに支持している候補者が当選すれば、「もし自分が投票していなかったらその候補者は落選していたかもしれない」と考える。逆に自分が棄権したときに支持している候補者が落選すれば「もし投票していたら当選していた可能性がある」と後悔するかもしれない。要するに自分の行動が及ぼす影響を過大視するということである。前記の認知バイアスが投票数に大きく影響することは考えにくいが、わずかな影響でもあれば、選挙結果を左右する可能性は否定できない。

このように選挙は典型的な社会的手抜き課題であると考えられるが、それでも投票率がある水準まで保たれているのは、報酬価を高めるような操作（教育や啓蒙活動など）が絶えず行なわれていること、それから認知バイアスが機能していること、などによるものと考えられる。

いずれにせよ、選挙においても、投票行動を促そうとする「努力」と、参加をやめようとする「手抜き」との間に葛藤があるわけだ。

本章では自分以外に多数の人がかかわっている場合は「自分が努力しなくても他の人が何とかしてくれるだろう」と考えて手抜きをしてしまう心理について述べた。

次章ではこのように考える人、すなわち「腐ったリンゴ」の存在が集団全体にどのように影響するのか、またなぜそのような人が出現するのかについて解説する。

第3章　腐ったリンゴをどうするか？

——「手抜きする」条件

社会的手抜きの条件が揃っていた筆者の場合

ここまでお読みになって、「手抜き研究をしているお前自身は手抜きはしないのか？」という問いがあるかもしれない。

筆者の社会的手抜きの体験はありすぎて挙げることは困難である。人は全力を挙げてやり遂げたような出来事は稀なので想起できるが、社会的手抜きは当たり前すぎて、想起することはなかなか難しい。

たとえば子どもの頃を思い出しても、学校で行なわれていたさまざまな行事、たとえば大掃除、クラス討論会、運動会などに全力で取り組んだ記憶はあまりない。そのような行事に際して中心的な役割を果たす友人がまぶしく見えたものである。自己評価があまり高くなく、リーダー的役割を果たすような存在ではないことを自覚していたからかもしれない。自分は「その他大勢」といった存在なので、先生から評価されることも、努力の必要性もないと思い込んでいた。そのため、他者と同じくらい作業を行ない、緊張感も感じないという状態であった。いわば社会的手抜きの条件が揃っていたといえる。

つまり、日常には人を手抜きに誘《いざな》う機会があちこちにある。手抜きから逃れることは極めて困難なのである。

この章ではまず、手抜きがどのようにして発生するのかをみていくことにしよう。

リンゲルマン効果とは?——動機づけの難しさと、調整の難しさ

手抜きが発生する要因として、どのようなものがあるか? ここでもう一度整理してみよう。

社会的手抜きを発生させる要因としては、外的条件(環境要因)と内的条件(心理的・生理的要因)が考えられる。まず外的条件の3つの要因を説明しよう。

▼評価可能性が低い

第一の外的条件として「評価可能性」がある。綱引きや応援団の発声は全体のパフォーマンスはわかるが、個々人の集団に対する貢献度はほとんどわからない。個人がどれくらい頑張っているかを評価できないのである。評価可能性とは、集団に対する貢献度が自分自身だけでなく他者にもわかり、評価される可能性のことである。

綱引きにたとえると、綱をどれくらい頑張って引っ張ろうが、その頑張りは他者からはまったく理解されない。会社でも集団内における個々人の貢献度が不明瞭であれば「誰かがやるだろう」という心理が生まれやすい。そのため評価可能性が低ければ社会的手抜きが発生すると考えられる。

▼努力の必要がない

第二の外的条件は、「努力の不要性」である。他の人たちが優秀であるために、自分の努力が集団全体の結果にほとんど影響せず、しかも他の人たちと同等の報酬を得ることができれば、一所懸命仕事をする必要はない。場合によっては自分の努力が他者の仕事のじゃまをする可能性もある。このような場合はフリーライダーとなって〝タダ乗り〟をするに限るのである。

▼他者に同調する

第三の外的条件は、「手抜きの同調」である。「努力の不要性」とは逆に、他者があまり努力をしていなければ、自分だけ努力をすることが馬鹿らしいことになる。「正直者が馬鹿をみる」という言葉があるが、これはまさにこのような現象を指している。

また、場合によっては良い成績をあげることにより仲間はずれにされることもある。

ある織物工場の従業員の観察をした研究がある。この工場のある作業集団では強い仲間意識があるものの、全体的な生産性が低く、全員が怠けているような状態であった。

ある従業員がこの集団に加入して仕事をするようになったが、そのうちに平均以上の作業成績を示すようになった。その結果、まもなくその従業員は集団から村八分にされそうになった。そしてその作業員は生産性を他者と同じレベルに落としてしまった。腐ったリンゴの中に健全なリンゴを入れ、結果的に健全なリンゴまで腐らせてしまった典型的ケースといえよう。

その後、その集団は配置転換のために解体される。工場にはその従業員だけが残ることになった。そうしたところその従業員の生産量は急上昇し、以前の水準の2倍近くになったということである。

このように集団には生産量に関する暗黙の規範が形成され、それがいったん形成されれば、それに従ってみんなが行動してしまうことが考えられる。つまり、その集団の成員が「この程度でよい」という仕事をしていれば、その意識はあとから入ってきた、やる気のある成員にも伝わり、生産量は落ちることになる。「朱に交われば赤くなる」というわけだ。

集団規範とパフォーマンスの関係を明らかにするため、中学生３名の集団を用いた実験がある。課題は色紙を細長く切って鎖状につないでいくものであった。

実験の前半で監督者が「もっと速く作ってください。遅いですよ」「遊ばないでください」「ムダが多いようですね」「意外に少ないな」などの生産促進的圧力を加える条件と、「本部に用がある」との口実をもうけて退出してしまう圧力なし条件が設定された。それに加えて、実験の前半では圧力をかけず、後半のみで圧力をかける条件なども設定された。

実験の結果、集団形成の初期に生産促進的圧力が加えられることによって、高い生産水準規範が形成された場合、監督者が退出しても高水準の規範が維持された。一方、後半で監督者による圧力が加えられても、規範水準は低いままであった。

このことから、いったん集団の中で社会的手抜きが発生すれば、場合によってはそれが暗黙の集団規範となり、その影響が長期間残ってしまうことが考えられる。そして、そのような状態になれば、集団を解体しないかぎり、それを回復させるのはかなり困難であるといえる。

「あがり」に関する研究――手抜きが発生する内的条件①・緊張感の低下

続いて、心理的・生理的要因といえる「内的条件」についてもみていこう。

第一に他者の存在による緊張感の低下が挙げられる。緊張感の低下が場合によっては動機づけの低下に結びつき、パフォーマンスの低下となって現れる。

心理学関係の学会の場合、学会発表の形式として口頭発表とポスター発表がある。たいていの口頭発表は一人当たり12分間の発表時間があり、その後3分間質疑応答をする。その間、発表者は一人で多数(多数でない場合もあるが)の聴衆の注目を浴びることになる。

一方、ポスター発表の場合、広い会場の中に多数のポスターが掲示され、参加者はそれを自由に見て回る。発表者はポスターのかたわらで参加者の求めに応じて解説する。発表者は多数の中の単なる一人になってしまう。このことが発表者の準備にかける時間や動機づけに影響を与えていることは想像に難くない。筆者の場合、口頭発表では緊張してうまく発表できなかったり、質問に答えられなかったりすることもあるが、ポスター発表ではそのようなことはない。

他者の存在によって緊張感（あがりの程度）がどのくらい変化するかを明らかにするために、他者の前でスピーチをする実験がある。

スピーチは5人の順番で行なうものとして、被験者は1番、3番、5番のいずれかに割り当てられた。また、一人でスピーチする単独条件も設けた。被験者とサクラには次のような教示が与えられた。

「大学生の総合的能力をみるための実験を行なっています。今回の実験では考え方と表現能力をみるために、スピーチをしてもらって、その評価を行ないます。スピーチの様子はカメラで撮影して、それを心理学の先生2人が観察しています」

その後、被験者には2人の心理学担当教授がモニターを見て評定しているような動画を提示した。それから被験者は3分間スピーチを行なったあとで、「心臓がドキドキしている」「胃に緊張を感じる」のような評定項目に回答した。

実験の結果、単独条件のほうが5人が参加する集団条件よりあがりの程度が高いことが示された。一人だけでスピーチするほうが、複数名で順番にスピーチするよりもあがりやすいというわけだ。

また、集団条件におけるあがりの程度は1番と5番が高く、3番がもっとも低かった。つまり、真ん中の目立たない所が、あがりの程度が低くなったのである。他者の存在が緊張感に影響することが実験によって確認された。

鏡を見れば、効率アップ！——手抜きが発生する内的条件②・注意の拡散

手抜きを発生させる内的条件の第二は「注意の拡散」である。他者と一緒に同じような仕事をしていると自分に注意が向かなくなり、自己意識が低下して達成すべき目標値なども意識しなくなり、そのためにパフォーマンスが低下する。

たとえば前述した学会でのポスター発表では緊張感が低下するだけではなく、他の発表者や会場のざわめきに気をとられ、質問者に対する説明がおろそかになることがある。

しかし一方では、他者の存在によって自己意識が高まる場合もある。たとえば聴衆の前でスピーチをするような場面で「あがる」のは人から見られているということを過剰に意識し、自己意識が高まることに起因している。またそのような状態になるのは自分の姿を鏡で見たり、カメラで撮影されたり、録音された自分の声を聴くような場面などでもあり

うる。カメラの前で妙に顔がこわばったり、意に反して目を閉じたりするのはこのためである。

自己意識が高まった場面で人が何らかの作業を行なった場合、現実の作業水準と、「ここまではできるはずだ」という理想水準のズレに気づきやすくなり、そのズレを埋めるためにパフォーマンスが高まるという見解もある。

これを証明するために次のような実験が行なわれた。米国人の被験者にドイツ語の文章を筆記させた。この作業中に被験者の前に鏡が置かれていて自分の姿が見える条件と、鏡がない条件が設定された。

実験の結果、鏡がある条件では作業水準が上昇することが明らかになった。一方、鏡がない条件では作業水準は低いままであった。

これは、鏡を見ることで自分自身に注意が向いた状態となり、パフォーマンスが高まったためと考えられた。

社会的手抜きが発生する状況では、同じような作業をしている他者（この場合の他者は自分に注目していない）の存在によって、自分自身に注意が向いていない状態になっており、自己意識を低下させ、そのことがパフォーマンスの低下を引き起こすというメカニズムが働いていると考えられるのである。

たとえば、運動会の綱引きのような場合はまさにこのような状態になっていると考えられる。自分が綱を引く立場にいながら、周りの人たちが精いっぱい綱を引いているかを確認しようと注意を払う人はいない。他者は自分の行動に注意を向けているわけではないので、自己意識が高まることもない。そのため「頑張らねば」という思いもなくなる。

フリーライダーとサッカー

社会的手抜きは、集団の中に能力が高い他者がいて、自分の努力が不要だと感じる場合にも、逆に他者が社会的手抜きをしているので自分が努力しても馬鹿らしいと感じる場合にも起きる。

これだと、組織内に有能な人がいても手抜きが起こり、無能な人がいても手抜きを誘発することになる。人間心理とはじつに厄介なものといえる。

ここではそのような心理機制について吟味する。

「薩摩守《さつまのかみ》を決め込む」という言葉がある。これは『平家物語』に出てくる平忠度《たいらのただのり》が薩摩守であったことからくるダジャレのようなものである。フリーライド（ただ乗り）とは、もともと無賃乗車を意味する言葉だったが、今では集団に貢献することなく集団から利益のみを得るような行動全般を指す。

このような言葉は他にもある。たとえば「公務員はいいな、親方日の丸で」というような表現がよくなされる。これは大した働きもせず、高い給料をもらっていると思われる公務員を揶揄《やゆ》するために使用される。揶揄している人はおそらく自分は損な立場にいる正直者だと思っているであろう。

「正直者が馬鹿をみるような世の中は間違っている」というようなこともいわれる。ここでいう正直者とは、フリーライダーによって搾取される被搾取者（サッカー）である。しかし、自分が被搾取者になっていることに気づかない、あるいは気にしないようなまったくの正直者であれば、「正直者は馬鹿をみる」などとは考えないはずである。

「正直でいたい」⟷「ごまかしても利益を得たい」

多くの人は自分を良い人間、正直な人間でいたいと思っている反面、ごまかしやただ乗りをしてでも利益を得たいと思ってもいる。

この点を明らかにするための実験が実施されている。学生を対象に「知能テスト」と称し、次の条件で実験が行なわれた。

Ａ「正解提示条件」……解答用紙の下に知能テストの正解が書いてあった。そして被験者には「自分で採点し、結果を報告してほしい。ただし正解は採点のためにだけ使うように」との説明がなされた。

Ｂ「正解非提示条件」……被験者には正解は見せず、単に知能テストを受けてもらい、採点は実験者が行なった。

実験の結果、Ａ「正解提示条件」では、Ｂ「正解非提示条件」より平均点が数点高くなった。つまり解答時に正解を見ることができた被験者は、点数を大幅ではなく、若干ごまかしたのである。

正しい答えを確認しようと思えばできるわけで、その気になれば全問正解も可能にもかかわらず、平均点は「数点」だけ高くなるにとどまった。これは「良い人でいたいと思う意識」（＝不正をしたくないという意識）と、「ごまかしてでも有能な人間と思われたいという意識」の妥協の産物であるとも考えられる。

この実験では続けて、被験者に次のテストで何点ぐらい取れるか予想させた。

その結果、Ａ「正解提示条件」の被験者はごまかした点数に近い点数が取れると予想したのである。すなわち被験者は無意識のうちに自分を欺《あざむ》いたことになる。

　このような実験から、多くの人は不正な手段を用いてでも自己利益を大きくしたいと思うが、あからさまな不正行為は「良い人である」という自己定義と矛盾するため、比較的小さな不正行為にとどめる傾向があるということがわかった。

　こうした自己欺瞞《ぎまん》は無意識にも行なわれるが、さまざまな合理化（解釈や説明）により意識的にも行なわれる。

　フリーライドもその一つである。個人が集団のために費やしたコストや貢献にかかわらず、集団成員に一律に報酬が与えられるということであれば、ただ乗りすることは経済合理性にかなっている。

　そして、ただ乗りしている当人は次のような〝言い訳〟を用意している。

「自分は不当に扱われているため、それに見合った働きをしているのであって、これ以上努力する必要はない」

「他の有意義なことにエネルギーを注ぐために、これ以上働くわけにはいかない」

「いつもいつも全力で頑張るわけにはいかない」……。

　彼らはさまざまな理屈で自分の社会的手抜きを正当化しているのだ。

ただ乗りは個人にとっては経済合理性にかなった行動かもしれないが、それが集団の他の成員に感染すると集団全体の士気の低下につながる可能性がある。

ネガティブ情報は刺激が強い

それは人がネガティブな情報に敏感だからである。

ネガティブ情報が強力であることは、結婚相手を決めるなど重大な意思決定をするような場面を考えればわかりやすい。結婚相手候補が複数いて、どの人を選択すべきかを決める場合、合理的な方法はまず相手のネガティブな面に注目することである。ネガティブな面は主観的に白黒が明確な場合が多い。

たとえば生理的に受け入れられないという相手は、簡単に対象から外すことができる。そうすれば選択肢が減少し、考える負担が減り、失敗が少なくなる。それに対して結婚相手のポジティブ情報に注目した場合、それは複数（人柄、若さ、年収、学歴、外見、家柄等々）あることが多く、あちらが立てばこちらが立たずの状態になり、なかなか相手が絞れない。

このようにネガティブ情報は刺激価が高く、他者がフリーライドをしているという情報もかなり強力なネガティブ情報である。

得しなくてもいいから、損だけはしたくない！――プロスペクト理論

また、人は一般に、ポジティブな状態を追求することよりネガティブな状態に陥ることを避ける傾向が強いといわれている。これはたとえば１００万円が儲かった嬉しさより、１００万円を損した場合の後悔のほうが大きいことを意味する。

ギャンブルをしているとき、儲かっている場合にはやめることが比較的簡単であるのに対して、損をしている場合にはその後悔の大きさのために損を取り戻そうと必死になり、なかなかやめられず傷口を大きくしてしまいがちである。これはこのような傾向を示したものといえよう。また、なくしたものや盗まれたものは、それが大した価値のあるものでなくても過大評価され、それが強い後悔につながる。

プロスペクト理論はこのような現象を説明したものである。この理論によれば、利益の増大はプラスの主観的価値の増大をもたらすが、これはすぐに頭打ちになってそれ以上伸びなくなってしまうのに対して、損失の増大はマイナスの主観的価値の増大につながり、損失の増大にともなって主観的価値はますますマイナス方向に急激に増大するということ

である。

人は他人の不正直さを探し求めている

このような傾向は金銭面だけではなく、たとえば人の正直さを判断するような対人知覚についても確認されている。正直と不正直の知覚はシンメトリーではない。ただ1回の不正直な行動によって「不正直者」というレッテルが貼られてしまうが、1回の正直な行動によって「正直者」として認められるわけではない。

「百日の説法屁《へ》一つ」ということわざがある。長い間の苦労がちょっとした失敗で台なしになるという意味である。

徳川家康は織田信長や豊臣秀吉に長い間仕え、「律義者」で通っていたということである。彼は「律義者」であった時間が「たぬきおやじ」であった時間よりもはるかに長いはずであるが、晩年の比較的短い期間の行動が「律義者」のイメージを消し去り、「家康＝たぬきおやじ」が定着してしまった。このようにネガティブ情報は刺激価が強い。

また人は、裏切られることによるショックが大きいものである。己の愚かさを認識することになり、そして、それを恐れるあまり、絶えず他者の不正直さに関する情報を探し求めるのである。

「人を見たら泥棒と思え」という言葉は前記の行動傾向を表現したものであるといえる。そのため、人は不正行為者やフリーライダーに罰を与える傾向があることもわかっている。罰を与えることによって、自分には何の利益にもならず、場合によっては被害だけを被ることがわかっていても、そして当のフリーライダーとは面識がなかったとしても、罰を与えようとする。

このような自己犠牲的行為を進化論の立場から解釈する研究者もいる。進化論によれば種全体の保存という観点から、人は自分を犠牲にしても集団や社会を維持するために行動するように進化してきたということである。

腐ったリンゴ効果

しかし一方では、自分の利益を優先して集団の利益をないがしろにするような利己的振る舞いをする者が集団の中に少数いた場合、その影響はすぐさま集団全体に広がり、結果として集団全体を利己的人間の集まりにする可能性もある。

これを「腐ったリンゴ効果」という。箱の中のリンゴが一つでも腐っていると、中のリンゴすべてに腐敗が広がっていく。吸血鬼が善良な人に噛みつけば、噛みつかれた人も吸血鬼になり、それが全体に広がっていくようなイメージでもある。

この腐ったリンゴ効果の強さには、一緒に仕事をしているパートナーの能力と努力をどのように認知するかが影響する。

社会的手抜きが生起するのは、パートナーの能力が高いのに努力せず、そのために仕事がうまく行かないと考えられる場合のみなのである。

ある会社に勤務するAさんは、同じ職場にいるBさんが疎ましい。というのもBさんは本来であれば仕事ができる有能な人間にもかかわらず、仕事に真面目に取り組もうとしないからだ。Bさんの能力をAさんが知っていた場合、Aさんには社会的手抜きが生起しやすい。

同じ職場にいるCさんは仕事が遅く、能力が低い。しかし、AさんはCさんが努力しているのを知っている。このように努力しているが能力が低いと思われる場合には、Aさんに社会的手抜きは生起しない。

言い方は悪いが、BさんとCさんはともに「腐ったリンゴ」だとして、Bさんは伝播力を持ち、Cさんは持たない。BさんとCさんの仕事量は同じだとしても、Aさんに社会的手抜きは生起したり、しなかったりするのだ。

腐ったリンゴになりやすい「男」

この腐ったリンゴ効果には性差があり、女性より男性に顕著に現れることがわかっている。すなわち男性のほうが腐ったリンゴに感染しやすく、他者のフリーライドに敏感なのである。

腐ったリンゴ効果に男女で違いがあることを実証した実験がある。実験はゴム製のバルブを両手を使って握り、それを押すことによってなるべく多くの空気を送り出すような作業を行なうものであった。被験者は、スクリーンで隔てられた隣のブースに同じ作業をしている人がいると教示された（実際はいなかった）。そして、作業は2人が協力して行なうものであると伝えられた。実験条件としては「共同作業者の能力が高いのにもかかわらず作業に失敗する条件」と「共同作業者の能力が低くて作業に失敗する条件」などが設定された。

実験の結果、共同作業者の能力が高いにもかかわらず失敗する場合、女性の被験者の作業量はそれほど低下しないが、男性の場合は顕著に低下した。すなわち、男性は相方が能力があるのに不真面目だと思えば、とたんに社会的手抜きをするのである。自分が頑張って努力した結果、不真面目な相方が得をするようなことは馬鹿らしいと考えてしまうのかもしれない。

男女差がみられたのは、男性は課題指向（仕事で成果を出し、人に認めてもらいたいという強い思いを持つ傾向）であるのに対して、女性は対人関係指向（仕事の成果より人間関係の維持構築に関心を持つ傾向）であることに原因があると考えられる。

利己的振る舞いをするメンバーが一人でもいると…

利己的振る舞いをする人数の影響について検討している研究もある。

この研究では複数の被験者が参加する集団囚人のジレンマゲーム実験が行なわれた。このゲームは集団全員が協力的であれば集団全体としての利益はもっとも高くなり、そのために個人の利益もある程度確保されるが、あるメンバーが自分だけの利益を大きくしようとすれば他の成員の利益が損なわれ、それを避けるために他の成員も自分の利益の確保に走ることになり、集団全体が悲惨な状態になるというものである。

被験者に、集団成員5人の中に利己的・非協力的な人がいると思い込ませ、この数を0～4人まで変化させた。そして、それにより協力する人の割合がどのように変化するかについて検討した。

実験の結果、集団の中に利己的な人がいないと被験者が思っている場合、非協力の割合は50％であったが、利己的な人が１人いると思った場合は80％に達した。自分の利益だけを追求しようとするメンバーが１人でもいた場合、８割の人が非協力的になったのだ。そして、それ以上利己的な人の人数が増えても非協力者の割合はあまり変化しなかった。これは、腐ったリンゴが一個でもあれば全体を腐らせるのには十分であることを意味する。

また同一人物が首尾一貫して利己的な振る舞いをする場合と複数の人がときどきそのような行為をする場合に、いずれの影響力が大きいかについて検討している研究もある。

常識的には後者のほうが集団全体のやる気を削ぐ力が強いと考えられる。なぜなら前者のケースは利己的な振る舞いをする人間を「特殊な人間」であるとして判断の範疇《はんちゅう》から外すことが容易だからである。一方、後者の場合は多数のメンバーが自己中心的であると判断されてしまうかもしれない。

しかし、一方では次のような解釈もできる。すなわち前者の場合、このような人物の存在を許している集団自体に問題があると捉えられ、後者の場合は複数の人がときどきそのように行動するため「当人の問題ではなく何か事情がある」と解釈されてしまう可能性もある。

果たして、実験結果はどうなったのだろうか？

実験の結果は、首尾一貫して利己的な行動をする人が一人でもいる（腐りきったリンゴが一個でもある）場合、そのような行動を許容する集団のあり方に問題があると判断され、それがメンバーの動機づけを害したのである。すなわち、同一人物が一貫して利己的な行動をする場合のほうが、複数の人がときどきそのような行動をした場合より、利己的な行動をする人の割合を増加させたのだ。

腐りきったリンゴはたった一個で全体を腐らせる強い力を持つことがここでも証明された。

作業量を20％も低下させた「ある発言」

さらに、やる気を削ぐような少数者の発言が集団のパフォーマンスをいかに低下させるかを明らかにするために、現実の集団作業場面に近い状況を設定した実験も行なわれている。

被験者はビジネス科目を専攻する学生であり、ニューヨークの証券取引所に上場されている株の動向を研究しているので手伝うように要請された。作業は『ウォール・ストリート・ジャーナル』に掲載されている株式相場のリスト20万件から、会社名、取引量、株価の入力作業をすることであった。被験者は実験に参加することによって30点のボーナス点が成績に加算されると言われた。作業は10～12人の被験者と2人のサクラで行なわれた。

ある実験条件では、作業開始直後、監督者は短時間だけ部屋から出て行った。そのとき、1人のサクラが「まったく下らないな！　こんな仕事やっていられないよ」と言った。それに対してもう1人のサクラが「君の言うとおりだ。何でこんな面白くない作業をしなくてはならないんだ」と応えた。

実験条件としては次のとおり。

A「サクラが不穏当な発言をする条件」

B「不穏当な発言をしたサクラに罰が与えられる条件」

本番中に机間巡視をしている監督者が2人のサクラの所で立ち止まり、事務的に「君の仕事は他の人と比べて見劣りがする。これでは30点のボーナス点をあげることはできない」と集団全員に聞こえるように言った。

C「集団目標が設定される条件」

「これまでの経験から2時間でだいたい15枚のシートに記入できると思われます」と全員に伝えた。実際の平均値は12枚であった。

これら3つの条件それぞれでどのような結果が出たか？

A「不穏当発言条件」では作業量が20％ほど低かった。

B「サクラに罰が与えられる条件」では作業量に変化はなかった。

C「目標設定条件」では作業量が26％上昇した。

この結果から、やる気がない人でも皆同じように30点をもらえるといったことがあからさまな状況では、動機づけを低下させることが示された。また、やる気がない人に罰を与えることより、高い目標を設定して集団成員に示すことのほうが社会的手抜きを防ぐためには効果的であることがわかった。

この実験から腐ったリンゴに罰を与えるより、腐っていないリンゴを活性化させるほうが効果的であることが示されたといえる。

第4章　こうすれば手抜きは防げる
——男と女はこれほど違う

動機づけが高まる「社会的促進」——共行動状況

これまで、社会的手抜きについてさまざまに説明してきた。本章では、これまでと逆に、社会的手抜きに反する現象について解説していこう。社会的手抜きは集団成員の動機づけの低下を示す現象であるが、まったく逆の、集団による動機づけの上昇を示す現象もある。これを「社会的促進」という。

他者と一緒に作業をする場合に、ある状況では動機づけが高まりパフォーマンスが上昇するのに対して、別の状況では逆に低下するというのは矛盾しているのではないか。

それではどのような状況のときに「社会的促進」が生起するのであろうか?それは他者が自分の行動を観察している状況や共行動している状況である。共行動状況とは、他者と同じ作業をしているが他者との協同作業をすることはなく、かつ個人の成績が明確になる状況である。

具体的にいえば、教室で試験を受ける場合やオリンピックの競泳等である。水泳競技では観衆が選手個人を見ていて、個人の成績が明確であり(評価可能性あり)、当人の努力が成績に反映され(道具性あり)、さらに他の選手の能力が高いとしても個々の選手の努力が不要になることはない(努力の不要性なし)。つまり社会的手抜きの原因となる「評価可能性」「道具性」「努力の不要性」に関する認知要因がすべて反対方向に働いていると考えられる。

本章では、その心理的メカニズムの紹介とともに、実社会、会社や学校などにおいて具体的にどう使えるか・応用できるかについても考えてみたい。

動物にもある社会的促進

社会的促進現象は人間だけでなくゴキブリやにわとりのような動物でも観察された。

たとえば他のにわとりが隣のケージで餌をついばんでいる実際の様子を見せる現実条件とそのビデオを見せるビデオ条件、それから単独条件を比較して、にわとりの餌の消費量を比較した研究がある。

実験の結果、単独条件に比較してビデオ条件や現実条件では餌の消費量が多く、かつ両条件間にほとんど差がないことが明らかになった。ビデオでも社会的促進が起きたのである。

人間の場合も食行動と社会的促進は密接に関連していることがわかっている。たいていの人は一人でする食事は味気ないと考える。そして、５割近くの人がだれかと一緒に食べると答えている。食事時間も集団の場合は長くなり、量も多くなる傾向がある。ダイエットを考えている人は、食事はなるべく一人で食べるほうがよいということになる。

どんなときに社会的促進が起こるか

社会的促進現象については数多くの研究者が検討を行なっている。

そして単純で、慣れた、よく学習した課題（たとえば、頭に浮かんだ考えを書く、新聞の中の特定の文字に線を引く、かけ算をする）では、一人で作業するよりも集団時のほうがパフォーマンスが上昇し、逆に複雑でまだ十分身についていない課題（難しい数学の問題を解く、初心者がキーボードから字を入力する）ではパフォーマンス、特にその質が低下することが明らかになった。前者を社会的促進、後者を社会的抑制という。

実社会に応用するなら、社会的促進を起こし、社会的抑制を防ぐような仕組みを整えることで、仕事や作業を効率的にこなすことが可能になるわけだ。

社会的促進に関する理論の一つとして、動因説がある。

それによれば、そばに他者がいると自動的に覚醒（興奮、不安、過敏）水準が上昇する。そのようなとき、単純な慣れた課題が与えられれば、慣れて馴染んだ仕方（優勢反応）ですればよいのでパフォーマンスは上昇する。逆に難しく新奇な課題はうまくできなくなる（社会的抑制）というものである。

社会的手抜きと社会的抑制は両者ともパフォーマンスの低下に関する現象であるが、社会的手抜きは動機の低下によるものであり、社会的抑制は、動機づけが高すぎてかえってうまくいかなくなる現象である。

この説に従えば、会社などでは、単純作業なら、複数で一緒に取り組んだほうがパフォーマンスが向上することになり、複雑な作業なら一人でしたほうがよいことになる。学校なら、やさしい課題は友だちと一緒に、難しい課題は一人でということになる。

社会的促進に関する説として、もう一つ「評価懸念説」がある。人には、自分を高く評価してもらいたいという動機がある。社会的促進は、他者に評価能力がある場合や評価される者にとって重要な他者である場合のほうが現れやすいことが明らかにされている。会社にたとえていえば、無関係な第三者がくだす評価よりも、直属の上司や関係先からの評価のほうが社会的促進を顕在化させる。これは、関係した他者からの評価が覚醒水準を上昇させ、動機づけを高めるというものである。

ネット上で「スケープゴート」が生まれるメカニズム

社会的促進はさまざまな社会的問題とも関連している。

たとえば人種差別や性差別のような偏見に基づく差別的言動は個人の場合は抑制されているが、集団になれば、それがあからさまに表明される傾向がある。

偏見は、ある意味では内面深く抱かれている「優勢反応」である。インターネット上にあふれている過激な差別的表現は匿名性が保障されているということと同時に、ネット空間という疑似集団状態による社会的促進であろう。

近年はインターネットの普及により、一般の人が気軽にかつ匿名で情報を発信することが可能になった。そのため、自分の身の安全を確保しながら一方的に特定の個人や企業や団体の責任を追及することも少なくない。匿名になると、他者や世間からの評価も気にする必要はなく、さらに個人としての自己意識も低下して、反社会的、攻撃的行動をすることが考えられる。

この状態を心理学的には「没個性化」と呼ぶ。行動に対する責任も個人が背負う必要はなくなり、責任が分散して、良心の呵責《かしゃく》を覚えることも少なくなるのである。ソーシャルメディアのユーザーは、その匿名性の高さや集団としてのまとまった言動から、一種の群集とみなすことができよう。現代はその意味でますます「群集の時代」になったともいえる。

その表れの一つが、ソーシャルメディアのユーザーによる「スケープゴート（生贄《いけにえ》の羊）」の探索と非難攻撃だ。「スケープゴート」は個人や集団の攻撃的エネルギーが他の個人や集団に向けられる現象である。非難・攻撃に値するものとして根拠がきちんと確認されているわけではなく、そのような行為の是非が十分吟味されているとは限らない。

そのような心理機制の背後には、精神分析学で「投射《とうしゃ》」といわれる中核的防衛機制メカニズムが機能している。それは無意識の中にあって、意識化されようとすると不安に陥るような、忌まわしく、邪悪な思考や感情を他者や無抵抗な者に押しつけて、自分の中にそれがあることを意識せずに済ませようとするメカニズムである。

これにより自分は正しく、落ち度がなく、他者が一方的に悪いことになる。そして当人は自分の中の忌まわしいものから解放されて自分を理想化できる。

特に企業や官庁といった富や権威を持っていると思われているものが対象となった場合は、「自分たちはあのような権威に立ち向かい、弱者の味方になり、正義を実現すべく努力した」という思いにより、特に自尊心が高まる。このような行動傾向は個人よりも集団の中で出現しやすい。

こうして会議は間違える――「リスキーシフト」と「共有情報バイアス」

では、どうして集団になると、こうした行動傾向を示すようになるのか？

それは「リスキーシフト」や「共有情報バイアス」といった、集団特有のバイアスが前述の傾向を促進するからである。

「リスキーシフト」とは、集団で話し合いをすると、一人で決断するときより「報酬は高いが危険も高い行動」を選択する現象である。要するにあいまいで穏やかな結論よりも、白か黒か明確な極端な結論を求める傾向である。

これが起きる理由の一つは、集団の中で参加者それぞれが自分の存在をアピールしようとするためである。極端な意見を言ったほうが、集団の中で自分の存在を際立たせられると考え、それぞれがより極端な意見を言おうとする。皆さんが日々行なっている会議の中にもこの「リスキーシフト」が忍び込んでいないだろうか。

また、「共有情報バイアス」は、たとえ成員がそれぞれ異なった固有の情報を所持していたとしても、それについては深く議論されず、共通して持っている限られた情報についてのみ取り上げられ、全体の情報が十分吟味されないために議論が極端な方向に向かう現象である。

その理由は、皆が知っている情報について語る場合には議論がはずむ傾向があること、また皆が知っていることを深く理解しているという印象を他者に与えることは好ましいことなどが考えられる。

バイアスとしてはこの他に次のようなものが挙げられる。

・全体的な傾向（たとえば、発言の文脈）を無視して、瞬間瞬間の値（たとえば、一つの言葉）に基づいて判断する。

・人の行動を解釈するのに状況を無視して性格や人格に帰属する。

・手近な目立った情報のみに基づいて判断する。

・最初から好みの選択肢があり、それに合うような情報のみに注意が向く（確証バイアス）。

このようなバイアスと、攻撃的言動の社会的促進がいわゆる「炎上」現象の背後にあると考えられる。

子どもの学習が進まない理由——教育における社会的促進・社会的抑制

この社会的促進と社会的抑制は、教育や学習場面においても起こりうる。たとえば、授業は教室で行なわれることが多い。すなわち子どもたちは多くの他者の前でまだ十分身についていない課題の学習をすることになる。複雑で十分学習されていない課題を人前で行なえば「社会的抑制」が働いて、学習効率が低下することは社会的促進の理論から十分予想される。

運動競技の新しい技術を身につけたり、第二外国語を学習したりする場合、最初は一人で学習するほうが効率が高いことは、多くの研究によって証明されている。ところが現実はそのような仕組みにはなっていない。

では、どうしたらよいのか？

新しい内容の学習をするときに集団学習が不可避で、かつ学習者の動機づけが高い場合は、あえて社会的手抜きを促進するような状況を設定することが有効かもしれない。

たとえば、生徒個人のパフォーマンスを教師が把握できないようにして評価可能性を低下させ、課題に集中させる。そして、学習が成立したあとは逆に評価可能性を高めて社会的促進を強めるのである。

社会的促進について正しく理解することは、教育や学習の場においての効率を高めることにもつながる。

他人の分まで頑張れますか？——社会的補償

社会的促進は他者が自分の行動を観察している状況や「共行動状況」で発生し、社会的手抜きは集団の中に埋没して評価可能性が低い「集合状況」で発生することはすでに述べたとおりだ。

しかし、後者の状況でもなおパフォーマンスが上昇するケースがあることを示した実験がある。その実験は、能力が劣っている他者と作業を行なう状況で、しかも作業成果が全体でプールされるような場合でも、他者の不足分を補うべく努力することを明らかにしている。これを「社会的補償」といい、「フリーライダー現象」と正反対の現象である。

具体的には2人の被験者が共同作業（ここではブレーン・ストーミング）をする状況を設定している。実験条件としては、

A「他者の能力が自分より高いと思った場合」（他者能力高条件）

B「他者の能力が自分より低いと思った場合」（他者能力低条件）

C「作業内容が被験者にとって重要な場合」（重要性高条件）

D「作業内容が被験者にとって重要でない場合」（重要性低条件）

などがあり、A—C、A—D、B—C、B—Dの組み合わせで実験が行なわれた。

他者能力低条件では、実験者がストップウォッチを取りに行って実験室を空けたときに、サクラが「こんな課題は苦手なんだよな。たぶんアイディアなんか全然浮かばないよ」と言った。一方、能力高条件ではサクラは「こういったことは得意なんだよな。たぶんたくさんアイディアを出せると思うよ」と言った。

重要性低条件では実験者はやる気なさそうに「ちょっとやり残したことがあってこの実験をしなければならなくなりました。日頃しているルーチン作業の延長のようなものです」と言って、ブレーン・ストーミングの方法を書いた資料をぞんざいに扱い、被験者に

投げるようにして渡した。さらにその資料はいかにも手作りという感じのものであった。

それに対して重要性高条件では、実験者は重要な実験を実施していることを表すために真面目な態度で被験者に接した。そして「あなた方にブレーン・ストーミング実験に参加してもらいます。この実験の目的は思考の速さと質を吟味するものです。そしてそれは知能との関連が強いと考えられています」と言って、資料を丁寧に被験者に渡した。そして資料はレーザープリンターで作成された明瞭なものであった。さらにこの条件では「あなた方2人の成果はプールされたうえで他大学で行なわれた実験の結果と比較されます」と伝えられた。

さて、実験の結果、課題の重要性が高い場合は、他者の能力が劣っているときにパフォーマンスが上昇する「社会的補償」が現れることがわかった。つまり、課題が重要だと認識した場合、パートナーの能力が劣っているとわかると、それを補うように能力が発揮された。

逆に、課題の重要性が低い場合は他者能力が低いときにパフォーマンスが低下する社会的手抜きが現れた。課題が重要でないという判断があった場合は、パートナーの働きを見て手抜きが行なわれたことになる。

この実験から、社会的手抜きが現れるか社会的補償が現れるかは、課題の内容と他者の特徴との組み合わせによって決定されていることがわかった。

「同僚が無能」で生じる社会的補償

他者の能力の予想は、思い込みやステレオタイプによることもある。たとえば算数や数学の能力は男性が優れていて、言語能力は女性が優れているというステレオタイプがある。

そこで男性を被験者にして、相方が女性であると思い込んでいる条件と男性であると思っている条件、課題が数学である条件と言語問題である条件を組み合わせた状況をそれぞれ設定した実験が行なわれた。相方は実際にはいなかった。また課題は両方とも被験者にとって重要であると感じられるものであった。

実験の結果、数学の問題に関して、相方が女性の場合は正解率が79％、男性の場合55％となった。

一方、言語問題の場合は相方が女性の場合62％、男性71％であった。すなわち女性と一緒に数学の問題を解いていて、2人の結果がすべて一緒にされると思った男性は、女性の分をカバーすべく努力するが、相方が男性であれば手抜きをすることが示された。

言語問題の場合は逆に、相方が男性の場合は社会的補償が、女性の場合は社会的手抜きが現れることが明らかになった。

このような社会的補償がオフィスの現場でも起きることを示した研究もある。調査対象者は米国中西部に本社がある世界的大企業に勤務している従業員168人であった。従業員の報酬は年単位で評価される成果主義に基づいて決定されていた。

同僚への社会的手抜きに対する認識は「私の同僚の中には、自分が負わなければならない責任を他者に押し付ける者がいる」といった質問などの9項目によって測定された。また回答者自身の社会的手抜きに関する質問項目は「自分に割り当てられた仕事をしない」「同僚がいるとき他の部署や客の相手はしない」「同僚が働いているときはのんびりしている」などであった。

予想としては同僚の社会的手抜きは調査対象者本人の社会的手抜きを促進するというものであったが、結果は逆であった。すなわち社会的補償がみられた。

仕事の内容や目標が従業員にとって価値があり重要なものである場合、同僚の意欲が低く無能であると思うほど、その分を補うべく努力する傾向が見いだされたのである。

「浪花恋しぐれ」という共依存――社会的補償・４つのポイント

以上のような研究から、社会的補償が発生するのは、次の４つの要因がある場合であるといえる。

①課題の重要性が高く、かつ同僚の能力が低い
②一緒に仕事をしている相方から当分逃れられない
③仕事を始めた初期に現れやすい
④集団のサイズが小さい

①の理由はわかりやすい。課題が重要でなければ、他者の分まで自分が担うという気にはならないのは当然である。

②については、集団から短時間で離れることが可能な場合は相手の分も仕事をすることはないであろう。

ところで、これに関連して共依存といわれる現象がある。次は都はるみの演歌「浪花恋しぐれ」の歌詞とせりふ（作詞・たかたかし）の一部である。

（夫）そりゃわいはアホや。酒もあおるし女も泣かす。せやかてそれもこれもみんな芸のためや。今にみてみぃ！　わいは日本一になったるんや。日本一やで。わかってるやろ、お浜。なんやそのしんき臭い顔は。酒や！　酒や！　酒買《こ》うてこい。

（妻）そばに私がついてなければ何も出来ないこの人やから。泣きはしません、つらくとも。いつか中座の華になる。惚れた男の、惚れた男のでっかい夢がある。

（妻）好きおうて一緒になった仲やない。あんた遊びなはれ。酒も飲みなはれ。あんたが日本一の落語家《はなしか》になるためやったらうちはどんな苦労にも耐えてみせます。

（夫妻）凍りつくよな浮世の裏で耐えて花咲く夫婦花。これが俺《おい》らの恋女房。あなたわたしの生き甲斐と笑うふたりに浪花の春が来る。


共依存とは、他者に負担を与える人と、その人の世話をしたり尻拭いをすることに生き甲斐を見いだしている人がともに依存し合い、その不幸な関係から逃れられない状態になっていることを指す。

「私がいなければこの人は駄目になる」と言いながら、アルコール中毒やＤＶの夫の面倒をみてともに不幸に甘んじ、その不幸の中に生き甲斐を感じる妻は典型的な共依存者である。そのために、夫が治癒したり、夫と離婚したりすることを無意識に避ける傾向がある。「浪花恋しぐれ」は夫婦の美しい関係をうたうものであるが、見方を変えれば共依存関係を表現しているようにも思える。

仏の顔は三度？　四度？　五度？——社会的補償は仕事の初期に現れる

社会的補償は仕事を始めた初期に現れやすいであろうことが示唆される（③）。相方が首尾一貫して手抜きを続ければ、怒りがこみ上げ、不信感も強くなるものと思われる。「仏の顔も三度まで」ということわざがある。三度を超えれば相方はフリーライダーとして認識されて、集団全体の動機づけを低下させる可能性もある。ただし、長期にわたる関係が成立していれば、仏の顔は三度ではなく四度でも五度にでもなるであろう。「釣りバカ日誌」のハマちゃんは長期間、同僚や社長から社会的補償の恩恵を受けている。

④の集団サイズが比較的小さいというのも妥当である。５人だけの会社であれば、顔を見知った能力の足りない成員の分までやるしかない、という気になるかもしれないが、数千人規模の会社でそのような心理は促進されるはずもない。あまりにたくさんの人の荷物を自分が担おうという気にはならない。個人の力の及ぶ範囲は限界がある。

ただし、課題が分離的課題（集団で一つの解答を導き出すことが要請されるような課題で、もっとも優れた成員のパフォーマンスが集団のパフォーマンスになる課題）の場合は、比較的大きいサイズの集団でも動機づけが維持されるかもしれない。革命家は前衛として意識の低い民衆の先頭に立ち、広く社会に影響を及ぼすことができると思っているであろう。

2014年9月27日に発生した御嶽山噴火では死者・行方不明者63名を出し、多数の人が負傷した。噴火に巻き込まれた極限状況の中で、ある26歳の男性が自分が着ていたジャケットを脱ぎ11歳の女の子に着せていたことがわかった。しかし残念ながら2人とも亡くなっていたという。極端な例かもしれないが、このような状況（人命を救うという重要性が高い課題で、同僚の能力が低い）に置かれたときは、人はわが身を犠牲にすることも厭《いと》わないことがわかる。

能力の低い人はどうすれば頑張るか――ケーラー効果

「社会的補償」は集団作業における、能力が高い人の動機づけやパフォーマンスの向上についての現象であったが、「ケーラー効果」は逆に、能力が低い人の動機づけの向上に関連したものである。

この現象は綱引きのような加算的課題でもみられることはあるが、もっとも生起しやすいのは、山登り集団や護送船団のように、集団の成果が、能力が低い人のパフォーマンスによって左右される結合的課題である。すなわち劣った人の頑張り具合が集団の運命を決定する課題である。

周りの人に迷惑をかけたくないために努力するといった場合もケーラー効果といえるであろう。たとえばサッカーのＰＫ戦や駅伝などの場合、ある一人の選手の失敗や能力・努力不足がチームの勝敗に直結してしまうこともある。このような場合、選手（特に能力が劣った選手）はチームに迷惑をかけないために、個人種目の場合よりも動機づけが高くなる。場合によっては動機づけが高くなり過ぎて適正水準を超えてしまうために、かえってパフォーマンスが落ちたり失敗したりすることもある。

２０１５年1月にオーストラリアで開催されたアジア杯では、本田と香川というトップ選手がＰＫに失敗し敗退した。動機づけが高くなり過ぎていたのであろう。また箱根駅伝では、選手があえぎあえぎ、ふらふらになりながら、たすきを渡すシーンが毎年のように見られる。これにもその背後にはケーラー効果の存在が考えられる。

「ほどほどの差」で、弱者の力は向上する

この現象は類人猿の知恵試験で有名なドイツの研究者ケーラーが見いだしたものである。ケーラーはバーベルを2人が共同で持ち上げる場合と1人が持ち上げる場合の力を比較する実験を実施した。被験者は2秒間隔でリズムを刻むメトロノームに合わせてバーベルを持ち上げては下ろす動作を繰り返し、その上げ下ろしの時間を計測した。バーベルの重さは個人の場合は41kgで2人の場合は82kgであった。1人で持ち上げる場合はバーベルの中央付近、2人の場合は両端をそれぞれが持ち、どちらか片方（弱いほう）がやめれば作業が続行できなくなる結合的課題であった。

実験の結果、成員の能力比率が40〜59％の場合は2人条件のパフォーマンスは1人条件の80％ほどであった。これに対し、能力比率が60〜80％ではパフォーマンス量は120％近くになった。能力比率が81〜100％になると、再び80％ほどになった。

このことからわかることは、弱者と強者の能力にほどほどの差がある場合にのみ、弱者の動機づけが高まるということだ。能力差がありすぎても、また能力差がほとんどなくてもパフォーマンスは向上しない。

ケーラー効果における男女の違い

ケーラー効果について、水泳と陸上のリレー競技のデータを元に検証した研究もある。リレー競技は全体の記録で勝敗が決まる加算的課題ではあるが、綱引きのような課題とは異なり、一人ひとりの仕事が分割され、個人の成績が評価され、個人の貢献が明確な課題である。

水泳競技に関しては、２００９年に開催された全米大学体育協会（ＮＣＡＡ）主催の２００ヤード自由形リレー競技（１チーム４名）の68人分のデータが分析された。

その結果、個人の記録がチーム内で４位の選手の決勝での成績は大幅に上昇したのに対して、１位の選手の成績はほとんど上昇しなかった。自らの記録が集団の記録の足を引っ張るケースにおいて、４位の選手は動機づけを高め成績を向上させた。

また、女子選手の場合はリレーの予選の段階ですでに成績が上昇したのに対して男子選手の場合は決勝における上昇が顕著であった。女子の場合はあまり重要でない試合でも動機づけが高まるのに対して、男子の場合は重要な試合にならないと動機づけが高まらないことが明らかになった。

陸上競技リレーに関しては、ワシントン州の高校生52チーム（1チーム3名）のデータが分析された。その結果、水泳のリレー競技と同じようにチーム内で成績がもっとも劣る者（3位の者）の記録上昇が顕著にみられたのに対し、1位と2位の選手の記録はほとんど変わらなかった。

迷惑はかけられない！——上方比較と社会的不可欠性認知

ケーラー効果は「上方比較」と「社会的不可欠性認知」の二つの心理メカニズムが働いていると考えられている。

前者は、自分のパフォーマンスが他者や集団の標準的な値に比べて低い場合、他者のそれに近づくように努力するというものである。上方比較は、比べる対象がある状況では結合的課題でなくても働く可能性が考えられる。たとえば集団で一つの解答を導き出すことが要請される陪審員裁判のようなケース（分離課題）である。

後者は、自分の低能力のために集団全体のパフォーマンスを下げてしまい、集団に迷惑をかけるので、それを避けるために努力するというものである。これは結合的課題でおもに生起すると考えられる。

一般的にこの二つのメカニズムは同時に働いているが、どちらかといえば後者のほうの影響が強いこともわかっている。人は上に追いつこうと努力するときよりも、自分のせいで他人に迷惑をかけられないと思ったときのほうが動機づけが高まるということになる。

性別もケーラー効果に影響する。女性のほうがこの効果に関しては顕著であることがわかっている。一方、前述したように男性のほうが社会的手抜きの程度が大きくなる。その原因として、男女の指向性の違いが挙げられている。女性は相互依存的、集団指向的（友好的、非利己的、他者指向的）であるのに対して、男性は独立的で個人指向的、自己主張が強く、対象を道具として見る傾向があり、社会的地位にこだわり他者を支配する指向性があることが明らかになっている。

このことから、ケーラー効果に関しては男性の場合は単純に「自分のパフォーマンスを上げたい」という上方比較のメカニズムが強く働き、女性の場合は「皆に迷惑をかけたくない」という社会的不可欠性の効果の影響が大きくなることが考えられる。ケーラー効果に関しては後者のほうが大きく影響するのである。

第5章　最善の手抜き対策はコレ！

ここまで手抜きのさまざまな形態やメカニズムをみてきた。では、手抜きを防ぐことは可能なのか。

すでに社会的手抜きを防ぐためにとられている対策もいくつか存在する。本章では、手抜き対策という側面から、研究報告をレポートしていく。

さらに付け加えれば、社会的手抜きを根絶させることが良いことなのか、という視点での議論も必要になってくる。

罰を与える

最善の手抜き対策はコレ？ その①

人はネガティブ情報に敏感であり、ポジティブな状態を追求することよりネガティブな状態に陥ることを避ける傾向が強いことは先に述べたとおりである。

そのために自分が搾取されるような立場に立つことを嫌い、もし社会的手抜きをしている人物やフリーライダーを発見すると、自分には何の利益にもならない場合でもそのような人物に罰を与える傾向があることもわかっている。人は他者の不正行為にはとにかく手厳しいのである。

そして罰を与えることは、不正行為を防ぐためにはもっとも手っ取り早い対策であると考える傾向がある。

はたして「罰」は手抜きを防ぐ効果的な方法なのだろうか？

答えを先に言ってしまえば、「罰を与える」のは手抜き防止に効果的なやり方ではない。

では、なぜ「罰を与える」ことが効果が薄いのかを検証してみよう。

じつは報酬と罰が非対称であることはさまざまな研究によってすでに明らかにされている。

たとえば学習理論（学習の成立条件やプロセスに関する理論）の大家であるスキナーは、罰は報酬と違い、長期的には与える側にも受ける側にも良い結果をもたらさないと述べている。罰は不安や無力感や復讐心や疑念など、受け手のネガティブな情動を触発し、それが意図せざる悪い結果をもたらすというのである。

またリーダー行動を再検討した研究は、リーダーが与える報酬はポジティブな効果をもたらすが、罰に関しては明確な結果は見いだされていないと結論づけている。会社において、ダメな部下を怒鳴ったところで効果はないのだ。

さらに成員の努力とは無関係に与えられる報酬は動機づけに影響しないが、努力と無関係に与えられる罰は動機づけを極端に低めてしまうことも明らかにされている。すなわち部下の努力をよく把握せず、むやみに罰を与えることは部下のやる気を削ぐ効果しかもたらさないといえる。

罰の効果に対する幻想

何よりも罰の効果は過大視されている可能性が高い。

「平均への回帰の誤判断」という現象がある。

たとえば子どもがテストで悪い点をとれば、先生や親は嘆いたり叱りつけたりさまざまな形の罰を与える。そうすればたいてい、子どもは次のテストではそれよりも良い点をとる。親は強く叱ったことで、子どもが気持ちを入れ換えテストに臨んだため、良い点がとれた、つまり自分の与えた罰に効果があったと思い込む。

しかし、これは罰の効果ではなく、単に「平均への回帰」という確率論的な現象に過ぎない可能性が高い。

すなわち、点数は平均点を中心にして上下にばらついているわけで、そのために平均点より低い点数をとったあとには、それよりも高い点に回帰する可能性が高いということになる。「平均への回帰」かもしれないにもかかわらず、先生や親は自分たちが叱ったから子どもは頑張って良い点数をとったと思い込むという誤解が生じる。これが「平均への回帰の誤判断」である。

逆に、子どもが良い点をとったときは先生や親はほめる。しかし良い点をとった次のテストでは平均への回帰により、それよりも悪い成績となる可能性が高い。

するとどういうことが起こるか？

ほめることより叱りつけることのほうが効果があると思い込んでしまうのだ。罰の効果を評価する場合、このような回帰現象があることを念頭に置いておくことが大切であろう。

　このように報酬と罰の効果は非対称ということであるが、このことは報酬が無条件に効果があることを意味するわけではない。作業量に見合わない多額の報酬はかえって内発的動機づけを阻害することもわかっている。

　報酬や罰により他者の行動をコントロールしようとする場合、そのどちらにもこのような副作用があることを認識しておく必要がある。

社会的手抜きをしない人物を選考する

最善の手抜き対策はコレ？　その②

　手抜きを防ごうと考えた場合、たとえば社員を採用する際に、仕事全般に対して高い動機づけを持つような人物を選考することは効果的かもしれない。

　勤勉性や達成動機、ナルシシズム（自己陶酔症）などのパーソナリティが社会的手抜きに影響している可能性がある。そうだとすればそのような性格特性を測定するテストを実施して、社会的手抜きをしないような人物を選考することが考えられる。

　ただし、このようなテストが実際どの程度役に立つのかについては評価が分かれるところである。

ナルシストは手抜きしやすい——性格特性を見抜くテスト

主要5因子性格検査（ビッグファイブ検査）というものがある。

・**外向性**（社交的、群れやすい、おしゃべり、活動的）
・**情緒安定性**（不安、抑うつなどがなく、感情状態が安定している）
・**勤勉性**
・**協調性**
・**開放性**（好奇心が強く、新しい経験を追い求める傾向）

の5つである。

その中で社会的手抜きと関連しているのは「勤勉性」と「協調性」といわれている。勤勉性が高い人は、目的意識が強く、厳格であり、規律をよく守り、熱心で几帳面、意志が強く、注意深いといった性格である。勤勉性が高ければ、自分の努力が無駄になることが明らかな場合（道具性低）でも動機づけをある程度維持することが予測される。

協調性は周りの人と協力して活動できることと関連している。協調性が高ければ、評価されるか否かと関係なく、皆と一緒に作業をするであろう。そのために社会的手抜きが起きにくくなることが考えられる。

またナルシシズムもマイナスの方向で手抜きと関連しているといわれている。ナルシシズムは自分の業績や能力を誇張する傾向が強く、周囲からの賞賛を求め、しかも共感能力が欠如しているといった症状を指す。この傾向がある人は自分のことを他者より優れた特別な人間であると思っていたり、自信が強く、無分別であったりする。これを判断する質問項目としては、たとえば「私は人々を感化するような天性の才能を持っている」「私は注目の的になるのが好きである」「私は自分の体を見せびらかすのが好きである」などがある。ナルシシズム傾向が高い人は他者からの評価が期待されない状況では社会的手抜きをすることがわかった。

それから、これと似たようなパーソナリティとして自己特別視（ユニークネス知覚：自分自身をユニークで、しかも他者より優れていると思う傾向）がある。

自己特別視は、被験者に「勉強」「運動」「創造性」「社会性」の4分野について自分の得意なことを挙げさせ、それぞれについて、非常に優れている人が何割いるかを評定させることにより測定する。この評定値が低いほど、自己特別視の程度が高いと判断される。

この自己特別視が高い者ほど社会的手抜きの程度が強くなることが明らかになっている。

学歴と動機づけの強さ

手抜きしにくい人物を選考するにあたっては、学歴も指標の一つであろう。偏差値が高い大学に入学したということは、受験競争を勝ち抜いたということであり、ある意味での勤勉性や達成動機の高さを示しているものと考えられる。

学歴と社会階層はかなり一致していて、上位層のほうが努力する能力も高く学習意欲も高いということである。一方、下層では努力からの撤退が起こっていて、将来より現在を楽しむ傾向があり、その結果、勉強するより「自分探し」に熱中するということである。

もし学歴が社会的成功に影響しているのであれば、偏差値の高さと社会的地位は相関しているであろう。たとえば、2014年末現在、衆参両院の国会議員のうち東大、京大、早稲田大、慶応大の出身者が占める割合は4割以上である。もちろん大臣や代議士になることが社会的成功の指標として適切かどうかわからない。ただ、全国には800近くの大学があるので、代議士の出身校には偏りがあることはわかる。

また偏差値が60以上の大学出身者の平均所得は他大学の出身者より年間130万円高く、管理職に昇進する可能性も高いこともわかっている。学生の就職活動に際しても偏差値の高い大学の学生が有利になるのは、企業がその動機づけの高さを期待していることによるのかもしれない。

このようなことはじつに身も蓋もない話であるが、将来の動機づけの強さを予測する客観的指標がないために、学歴が便宜的に使用されているという側面はある。もちろん受験時の勤勉さと社会に出てからの勤勉さの相関の程度は不明であり、学歴が高くても仕事ができない人がいることはよく聞く話である。

手抜きをしない人物の選考はその選考方法の難しさも加わって、手抜き対策としてはそれほど有効な方法ではないといえるかもしれない。

最善の手抜き対策はコレ？　その③

リーダーシップにより仕事の魅力向上を図る

さまざまなリーダーシップ論があるが、その中にリーダーシップを「業務処理型」と「変革型」に分類するものがある。

「業務処理型」はリーダーと部下の間で物質的報酬や、あるいはそれに代わる何らかの報酬の交換が行なわれるような関係を想定するものである。部下が高いパフォーマンスを示せばリーダーは多くの報酬を与え、部下が失敗したりすれば何らかの罰を与える。いわば外発的な動機づけを与えることによって部下のやる気を高めていく。

それに対して「変革型」は部下の内発的動機づけを高めるもので、単に報酬を得、罰を避けるために行動するのではなく、将来を見通した、さらに高次の組織目標を達成するように働きかけるものである。具体的には、以下のような行動をとる。

①部下がリーダーを理想的人物として尊敬し、同一視するように振る舞う。そのために自信に満ちあふれている姿を見せたり、ビジョンを示したり、心の琴線に響くようなアピールをする。

②部下を鼓舞しやる気を引き出す。そのために集団が達成すべきビジョンの内容を具体的に提示する。取り組んでいる課題の意味を説明したり、高い目標を掲げたり、努力すればビジョンの達成が十分可能であることをアピールしたりする。

③知的な面の刺激をする。部下の創造性を刺激し高める。そのために仮説を立て、それに挑戦し、リスクをとり、部下に自分の考えを実現すべく努力するように仕向ける。

④個人に対して配慮する。部下が考えていることや欲しがっていることに関心を持ち、良き相談相手になる。

リーダーによる働きかけ

この変革型リーダーはカリスマ的リーダーと重なり、歴史に名を残した偉人のイメージにも、独裁者のイメージにも合致する。カリスマはマックス・ウェーバーが提唱したもので、それは他者にない天賦の才を持った人のことをいう。そして、カリスマ的リーダーは、自分の信念をわかりやすく訴え、それにより人々を啓発する。また人々の模範となるように振る舞うことで強いリーダーシップを発揮するのである。

そして前記4項目を達成するためには、この種のリーダーは絶えず部下や集団の状態をモニターして、部下の視点や意見、集団での思考や行動を把握し、情報の共有を促し、メンバー間のコミュニケーションがスムーズになされるように働きかけるのである。このような働きかけを通して、集団や仕事に対する魅力の向上を図り、それにより社会的手抜きを低減するのである。

これは手抜きの低減にたしかに効果を発揮するものと思われる。しかし、こうしたリーダーシップの発揮はリーダー個人の能力に負うところが多く、それはたやすいことではない。この方法の実現はリーダーの才にかかっていて、だれもができるものではないということに留意しなければならない。

パフォーマンスのフィードバック

最善の手抜き対策はコレ？　その④

社会的手抜きを防ぐためには、目標提示だけでなく作業量提示方法も重要である。作業終了後のみならず作業中にも時宜にかなった、正確なフィードバックが必要になる。

運動会の綱引きや選挙などでは個人の貢献の程度は終始ほとんどわからない。社会的手抜きが発生するのは個人の努力の効果が見えないことに由来する部分が大きい。そのために努力の効果を可視化することで、作業者の自己効力感（自分は仕事をコントロールできているという感覚）を高め、動機づけを維持する。

学習理論でも「即時フィードバックの原理」というのがある。ティーチングマシン（問題を提示し、解答をフィードバックすることによって学習を促す機械）を利用した学習を行なう際に、解答の正誤について即座にフィードバックを行なうことが学習効率と学習者の動機づけを高めるものと考えられている。

つまり、作業者は自らの作業がどこまで進み、目標まであとどれくらいかを適宜正確に把握することで動機づけを高めていくことが可能になる。

上を向くか、下を見るか――情報提示の方法論

第4章でも述べたとおり、ケーラー効果の研究から、連続的な情報フィードバックの存在の重要性、特に当人よりある程度優れた他者の情報の重要性が明らかになった。作業者はつねに自分の作業についてのフィードバックを得ながら、それと同時に自分より少し優れた作業者がいることを意識づけされることで、動機づけを高めることができる。ただしこれらの研究成果の大部分は前述したようなバーベルの上げ下げを行なう短時間（数分間）の実験室研究により得られたものである。数年間、数十年間の長いスパンのパフォーマンスが対象となる現実場面では時間経過によって情報の意味や刺激価も変化する。

上方比較を促すために、優れた他者の情報を繰り返し知らせることは短期間には集団成員の動機づけを高め組織全体のパフォーマンス向上に有効であろうが、長期にわたれば成員の感情を害し、自尊心を傷つける可能性もある。そしてそれに耐えきれなくなった人たちは自尊心を守るために下方比較を行なうようになる。

自分より能力の劣った人の存在を見て、「あの人よりも自分はできている」と思い込む

ことで、自己を肯定する。下方比較によって満足した成員が増えれば、集団全体の士気が低下することもありうる。これにより組織全体のパフォーマンスが落ちるようなことになれば本末転倒である。成果主義の問題はここにある。

そのためにリーダーは情報の提示によって競争心をあおるのではなく、個人の貢献が集団全体にとっていかに重要かという「社会的不可欠性認知」を高めるような仕方で情報提示を行なうべきであろう。つまり、自分の努力次第で集団の運命が左右されると認識させることが大事になる。

具体的にいえば、能力が低い人に対しては他者が従事しないユニークな仕事を担当させたり、集団全体の目標やそれを達成すれば得られる報酬を明確に提示する。

ただし、これについても行き過ぎると問題が生じることになる。たとえば自分のせいで集団全体が失敗に追い込まれたと考えたり、連帯責任の咎《とが》を自分一人で背負い込んだり、他の成員から村八分にされたりする場合も考えられる。このような可能性があることも考慮して情報の提示を行なうべきであろう。

集団の目標を明示する

最善の手抜き対策はコレ? その⑤

集団の目標を明確にし、集団が目指しているものを成員に周知させることも動機づけの維持に役立つ。

集団で共同作業をしている場合、作業の目安はどうしても同僚他者のパフォーマンスになってしまう。そんなとき、その集団が活力にみなぎり、切磋琢磨しているのであれば、おのずと動機づけは維持されるだろうが、実際にそうした組織はそうそうあるものではない。むしろもっとも手抜きをしている他者をみんなが目安にすることで、腐ったリンゴ効果により、集団全体がネガティブ・スパイラルに陥ってしまうかもしれない。

しかし集団目標が明確であれば集団成員の準拠枠（判断や作業をする場合の参考となる基準）は、他者ではなく集団目標に基づくものとなる可能性がある。これを確かめるために８人の被験者が封筒の中に白紙を入れる作業をするような実験が行なわれている。

各被験者の前には封筒と白紙が積まれていて、12分で作業を終了するように指示された。封筒には番号が振ってあり作業途中でも作業の進行具合が被験者にわかるようになっていた。封筒は最終的には一緒にされるために個人の作業量はわからないことも説明された。それから目標設定条件では「８人で１２００枚の作業を目指してもらう」との指示がなされた。この量は予備実験により設定されたものである。

実験の結果、女性では目標設定条件のほうが非設定条件より作業量が多くなることがわかった。女性の場合は作業の準拠枠を他者から集団目標に切り替えたといえる。すなわち実験者が提示した目標を素直に受け入れて、それを目指して努力したのである。

ただし男性では明確な結果は得られなかった。男性の場合は社会的手抜きの効果が強く働き、集団目標設定の効果が現れにくかったのかもしれない。男性に関してはもっと強力な目標の提示方法が必要なのかもしれない。

人は放っておけば腐ったリンゴに感化されやすいことからいっても、集団の目標明示は一定の成果をあげるものと思われる。その際には単純な数値を掲げるだけではなく、成員の動機づけを高められるような目標の設定の仕方が重要になる。

パフォーマンスの評価可能性を高める

最善の手抜き対策はコレ? その⑥

社会的手抜きを防ぐためには、評価可能性を高めることは有力な方法の一つである。たとえば上司が部下の一挙手一投足を監視すれば、当然部下は手抜きができなくなる。ただし、上司が部下全員の行動を直接監視することは時間やコストがかかり、その人自身が本来の仕事に費やす時間も削られてしまう。また監視が過剰になれば、部下との信頼関係が損なわれる可能性もある。これでは組織に良い影響をもたらすはずもない。

最近、被雇用者のパフォーマンスを監視するテクノロジーがいろいろと開発されている。たとえばデータ入力作業を監視するために時間当たりの入力回数をカウントするソフトウェアが開発されたり、休憩室や更衣室に監視カメラを設置することが行なわれている。以下は「ウォール・ストリート・ジャーナル」（2013年3月7日）の記事によるものである。

アメリカの大手銀行であるバンク・オブ・アメリカでは90人のスタッフに小型センサーがついたバッジを1週間装着してもらい、彼らの行動や会話を記録するような試みを行なった。その結果によれば、同僚と頻繁に会話しているスタッフは結束力の強いチームに所属していて生産性も高いことが明らかになった。そこで従業員の交流をさらに活性化するために休憩をグループで取るようにスケジュールを組んだところ生産性が10％も向上した。それから別の企業では社員食堂の照明を変え、食事を良くし、食堂の魅力を高めて従業員が集まって一緒に食事をとるように促したり、コーヒーメーカーと給水器を1台まで減らし、従業員が自然に一カ所に集まり会話するようにした。

バンク・オブ・アメリカだけでなく従業員の行動や交流関係の情報をリアルタイムで収集するために追跡装置を採用する企業が増えている。ネックストラップやオフィス家具にセンサーを装着し、従業員が席を立った頻度や他者とのやりとり、打ち合わせなどを調べることも行なわれている。

このような情報から従業員の働き方に関する洞察を得ることができる。それにより休憩のタイミングや作業グループの編成方法などさまざまな変更を行ない、連携の強化や生産性の向上を図っている。さらに個人の行動の予測も可能になる。従業員の動きのパターンを見れば、その人が会社を辞めそうか、昇進しそうか、ある程度わかるという。このようなことはビッグデータの処理が可能になったことによる。

以上が記事の要約であるが、将来は全従業員にセンサーを取り付け、すべての言動を記録し分析することも可能になるであろう。ただしこれはプライバシーの侵害とみなされる可能性がある。また上司と部下の信頼関係にも悪影響を及ぼすであろう。

しかも監視テクノロジーの発展はそれをごまかす方法の発展も促す。たとえば会社にいないときに遠隔操作であたかも会社のコンピュータを操作したように見せかける方法や、メールを送る時間をタイマーを使って変更したりする方法などがすでにある。第1章でも述べたとおり、監視する側とされる側とのイタチごっこは延々と続いていくことになる。

あなたは役に立っている！——個人の役割の明確化

　このようなことから、社会的手抜きを、外発的動機づけを高めること（たとえば監視等を強めること）によって強制的に抑制しようとしても限界があることがわかる。それより内発的動機を高めることが効果的である。

　そのためには、個人の努力が集団に役立っているという道具性認知を高めることが必要であろう。その方法の一つとして個人の役割を明確にすることが考えられる。すなわち集団成員の中の個人が、集団活動のどの部分を担っていて、全体の目標達成にどの程度貢献できるのかがわかるようにすることだ。

　先述した、多重チェックと分類ミスに関する研究により、多重チェックが社会的手抜きを誘発し、安全性の向上につながらないことが明らかになっている。しかしこれは同じ部分のチェックを複数の人が担うために発生したものである。そこでこの研究では、異なった部分のチェックをそれぞれ別の被験者が分担するような実験も行なっている。実験はペットボトルの仕分けであり、個数、ラベル、サイズ確認等をそれぞれが単独で担当する作業であった。

実験の結果、作業に参加する被験者の数が増加するほど集団全体の分類ミスが少なくなることが明らかになった。この実験では、被験者は自分の分担や役割が明確であり、自分のミスが集団全体のミスに直結することを意識せざるをえないのである。

結果的にこの意識づけは個人のミスを少なくする効果をもたらしたことになる。自らが組織の中においてどのような役割を担い、それが組織にどのような貢献をしているのかを明確に本人に伝えることがそれぞれの責任感を醸成し、動機づけを高めることにつながるのだ。

「逐次合流テクニック」の4原則

会議における逐次合流テクニック（stepladder technique）も個人の役割や存在を明確にする方法の一つであり、効率的な集団意思決定を行なうために構想されたものである。

最初に2人から成る集団（コア集団）を作り、そこでまず議論を始める。この2人がしばらく議論した後、3番目の人がこの集団に参加する。その際に3番目の人は自分の見解を述べて、それから3人による議論が始まる。ある程度議論が進んだら、4番目の人が集団に参加する。このあとは同じプロセスで進行する。

このテクニックには４つの原則がある。

第一は、成員がコア集団に参加する前に課題について考える十分な時間が与えられること。

第二は、新成員がコア集団の考えを聞く前に自分なりの解決方法について発表すること。

第三は、新成員が参加するたびに問題について議論する十分な時間を設けること。

第四は、最終意思決定はすべての成員が参加したあとで行なわれること。

この原則により成員が社会的手抜きをすることが難しくなる。逐次合流テクニックと従来の集団意思決定方法を比較した研究によれば、前者のほうが優れていることが明らかになっている。このテクニックはアメリカでは会社や教育現場で実際に使用され成果を上げている。

腐ったリンゴの排除／他者の存在を意識させる

最善の手抜き対策はコレ？　その⑦

腐ったリンゴ効果を防ぐには、リンゴが一個でも腐ったらそれをすぐに箱から出して排除することが大事である。早期発見・早期処置である。

これに似た考えに「割れ窓理論」というものがある。この理論によれば、割れ窓やごみや落書きは都市が荒廃している象徴となり、さらなる荒廃や犯罪を生み出すという。ニューヨークではこのような荒廃の象徴となるものを取り除くキャンペーンが行なわれ、その結果、犯罪率が低下した。

それに関連して、落書きやごみの散乱が新たな反社会的行動を触発することを示した野外実験が行なわれている。

実験が行なわれたのは商店街にある駐輪場であった。自転車は壁に向かってズラリと並んでいた。壁には大きく「ごみのポイ捨て禁止」の標識が掲げられていた。標識の周囲の壁に落書きがなく全体が均一に塗装されていた場合と、標識の周りの壁にさまざまな落書きがあった場合の2種類の駐輪場が用意された。また、自転車のハンドルにはゴムバンドで比較的大きなチラシがくくりつけられた。チラシには「皆様方が良い日曜日を過ごされますように」という記述があり、架空のスポーツ衣料品店の名前が書いてあった。

実験の結果、標識の周囲の壁に落書きのあった条件では、チラシを地面に捨てたり他人の自転車にくくりつけたりする割合が69%であったのに対して、落書きがなかった条件では33%であった。落書きはごみのポイ捨てを倍増させたのである。

また、買い物用カートの放置が禁止されているスーパーマーケットの駐車場で、数台のカートを放置した場合、ごみのポイ捨てが増えるかどうかについても実験された。ここでは自動車のワイパーにチラシを挟んでおいた。

実験の結果、放置カートの有無で、ポイ捨ては30％から58％に増加した。ここでも一つの規範の乱れが他の反社会的行動を促進することが証明された。

一つの腐敗は、より悪質な腐敗を招く

さらに落書きやごみの散乱が盗みという法律に反する行動をも増加させることも明らかになった。この実験では郵便受けの投入口に郵便物が半分挿入されている状況が設定された。郵便物からは5ユーロ札（600〜700円くらい）が覗いていた。

実験条件は、

①郵便ポストに落書きがなく、周りにごみも落ちていない「クリーン条件」
②落書きだけがある「落書き条件」
③落書きはないがごみが散らかっている「ごみ条件」

この3種類であった。

実験の結果は次のとおりだった。

①「クリーン条件」……盗み（封筒の開封、持ち去り）の割合13％

②「落書き条件」……盗みの割合27％

③「ごみ条件」……盗みの割合25％

この実験から、腐ったリンゴは他のものにも伝染すること、一つの腐敗はより悪質な腐敗をもたらすことが明らかになったといえる。

このような現象を防ぐためには、腐敗したものを早期に除去することは大切であるが、腐敗に対して積極的に働きかける方法も考えられる。

他者の目の重要性

腐敗に対しての積極的働きかけの一つに、他者の目や神仏の存在を意識させる方法がある。このことを実証する実験も行なわれている。それは目のイメージがごみ捨て行動にどのように影響するかを調べるためのフィールド実験であった。実験が行なわれたのは大学の大きなカフェテリアであった。

壁には4種類のA4サイズのポスターが貼り出された。ポスターはそれぞれ次のとおりのデザインであった。
①男女の両眼の部分だけを切り取った写真と、その下に「食事が終わったらトレイをラックにお戻しください」という文章（規範遵守の文言）が添えられたもの。
②先述の目の写真と「ここで購入したものはここで食べるようにしてください」という文章（規範遵守とは無関係の文言）が書いてあるもの。
③花の写真と規範遵守の文言が記載されているもの。
④花の写真と、規範遵守と無関係の文言が記載されているもの。

実験の結果、①と②の目のポスター掲示条件は、③と④の花の掲示条件よりトレイの返却率が高くなることが明らかになった。またその効果は混雑していないときのほうが大きかった。

この実験により、規範遵守の警告がなくても目のイメージだけでトレイの放置が少なくなることが明らかになった。すなわち目のイメージという些細な刺激でも内在化された社会的規範を顕在化させる力があり、その効果は特に現実の人の目が少ないときに現れやすくなることが明らかになったといえる。

集団が大きいほど手抜きの影響は大きくなる——確率論によるモデル

確率論的観点からも、集団のサイズによってネガティブな影響がどのように変化するかを予測することができる。集団サイズにかかわらず手抜きする人の割合が一定であったとしても、サイズが増大すれば、一定の条件下では、全体の生産性は低下する。

たとえば、3人のうち1人が手抜きをしても大丈夫であるが、2人が手抜きすれば集団全体が課題達成に失敗してしまうような状況があるとする（集団許容度1／3と定義する）。そして、個人の手抜き確率を1／2とする。つまり手抜きをするかしないかは半々というメンバーが揃っていると仮定する。

このとき集団が課題に失敗する確率は50％（全員が手抜きをする確率と3人のうち2人が手抜きをする確率の加算値）となる。集団許容度が同じく1／3であれば、6人集団の場合、2人が手抜きすることは構わないが、それ以上になれば失敗することになる。直感的には集団許容度が同じであれば、どのような集団サイズでも同じ確率で集団全体が失敗するように思えるが、確率論的にはそうはならない。集団許容度が一定であったとしても、集団サイズが増大すれば、集団は課題達成に失敗する可能性が高くなる。どういうことか？

前述したように3人の集団で、集団許容度1／3の場合に失敗する確率が50%であるような状況のとき、6人集団で、集団許容度1／3の場合は失敗する確率は66%近くまで上昇してしまうのである。というのはこのケースの集団の失敗確率は「全員が手抜きをする確率」＋「5人が手抜きをする確率」＋「4人が手抜きをする確率」＋「3人が手抜きをする確率」となるからである。ちなみに30人集団の場合は失敗確率が95%となる。

ただし、集団許容度が高く、個人の手抜き確率が低い場合は、集団サイズが増大するほど、集団の失敗確率は低下する。集団サイズの増大と失敗確率の関係を決定するものは、メンバーの手抜き確率と集団の許容度（耐久性）である。

「ヤバイかな？」と思った大集団は組織を分割せよ

要するに余裕のない集団が大集団になれば、手抜きの悪影響は大きくなる。社会的手抜きに対して脆弱でかつ大きな集団ほど社会的手抜きのネガティブな影響が大きくなる。

一方で、手抜きに対する耐久性が高い集団の場合は集団サイズが大きいほど、社会的手抜きの影響を受けにくい。心理的な要因の影響がなくても、このように、集団に悪循環や好循環が現れることが考えられる。

現実には、この確率的な要因と心理的要因の相乗効果が働いているものと思われる。社会的手抜きに対する許容度（耐久性）が低下した大集団ほど衰退の速度が速いことが単純なモデルから示唆される。

ゆえに、社会的手抜きに対する集団の許容度（耐久性）が低下しはじめたと感じられた場合には、集団を分割してサイズを小さくするほうがよいであろう。組織サイズのスリム化は余裕のない組織ほど必要性が高いものと考えられる。

社会的手抜きという現象の知識を与える

最善の手抜き対策はコレ？ その⑧

社会的手抜きやケーラー効果が意識的に行なわれるものか否かについては明確ではないが、これまでのこの分野の数多くの研究を再調査した結果によれば、自己報告と実際のパフォーマンスの相関はほとんどなかった。これは社会的手抜きの大部分は無意識のメカニズムに基づいていることを示している。

もしそうであれば、社会的手抜きの存在を意識化させれば、それを低減することが可能になるはずである。

バスケットボール、ソフトボール、バレーボールの選手（女子大生）24名を対象に55メートルのシャトル・リレーを行なわせて、前記のことを確認しようとした研究がある。シャトル・リレーとは競泳のリレーのように味方の選手がゴールした瞬間に逆方向に走り出すものである。1チームは4名であった。

選手がウォーム・アップ後、シャトル・リレーの仕方と社会的手抜き現象やその原因についての説明が行なわれた。さらに「集団になれば、人は社会的手抜きをすることが、皆さんはわかったと思います。そうならないように、あなたのチームが最高の結果を出すように努力してください」との指示がされた。そして、個人の記録に基づくチームの目標タイムも示された。

実験の結果はどうだったろうか。

知識を与えることで手抜きが抑制されるという当初の予想に反して、社会的手抜きの存在を知らしめた場合のタイムの平均は8・59秒で、単独条件の平均値（8・49秒）より記録が良くなることはなかった。

この実験結果から社会的手抜きの存在を単に意識しただけでは不十分であることがわかった。ただし、リレーの場合は他者のゴールを確認したあとでスタートする必要がある。このことがリレーの記録に影響している可能性は否定できない。

「手抜き」情報はパフォーマンスにどう影響したか

筆者は前述のようなタイミングのズレが問題にならないような状況を設定して検討した。実験課題は綱引きである。ここでは社会的手抜き状況における集団全体のパフォーマンスに関する実験仮説（予測）を知らせ、さらに実験結果をフィードバックすることがパフォーマンスに与える効果について吟味した。

人間の行動に影響を与える予言や予測には、２種類のものがある。

・**自己実現的予言**（Self-fulfilling prophecies）

・**自殺的予言**（Suicidal predictions）

である。

前者は予言が予言どおりの現象を生起せしめるものである。たとえば健全な経営をしている銀行でも、倒産の噂（予言）が顧客の大規模な預金の引き出しを誘発し、そのために実際にその銀行が倒産してしまう場合などがこれにあたる。

一方後者は予言により、それがはずれる方向に作用する現象を指す。たとえば、うさぎは亀の速さを甘くみて、ゴール直前に居眠りをしたために亀に徒競走で負けたという話がある。

実験場面に関しても同様のことが考えられる。実験者の被験者に対する期待という観点から考察すれば、実験仮説や結果についての情報は、それに沿った方向に被験者の行動を導くであろう。

一方そのような情報が被験者の感情的反発を呼び起こすことも考えられる。米国のガーゲンは「人間には自由意思があるために、もし社会心理学の理論を被験者が知れば、その理論からはずれるように意図的に行動する」と述べている。「思いどおりになってたまるか」という心理が働くのだ。社会心理学の理論は行動をコントロールし自由を制限するような意味合いを持っている。人間の自由意思はそれを打破するように方向づけられているとガーゲンは主張する。

これらをふまえて、筆者は集団全体のパフォーマンスに関する仮説や結果に関する情報が個人のパフォーマンスに影響するのか否か、もし影響するとしたらプラスの方向に作用するのか、あるいはマイナスの方向に働くのかについて吟味した。

さらに仮説と結果が一致した場合と一致しなかった場合に、情報フィードバック後のパフォーマンスがどうなるのかについても検討した。

実験条件としては次の5つを設定した。

①まったく情報を与えない条件
②社会的促進が発生するとの予言をして、実験結果もそのとおりになったとフィードバックをする条件
③社会的促進が発生するとの予言をして、実験結果は社会的手抜きを示したとフィードバックする条件
④社会的手抜きが発生するとの予言をして、実験結果は社会的促進を示したとフィードバックする条件
⑤社会的手抜きが発生するとの予言をして、実験結果でも社会的手抜きを示したとフィードバックする条件

ちなみに⑤の条件で実験仮説として与えられたのは次の情報である。

「今までの社会心理学の研究によると、皆で作業をすると、だれかがやってくれるだろうと考えて、全員が無責任になり、一人当たりの力が弱くなり、そのために集団全体の力が弱くなるといわれています。『赤信号、皆で渡れば怖くない』ということで手抜きが生じるという結果が出ています。この研究では本当にそのようなことがあるのかみてみたいと思っています」

実験結果として被験者に与えられたのは次の情報である。

「今測定した結果を見ると、この集団では社会心理学の理論どおりに一人ひとりの力を足し合わせた力よりも、集団で一斉に引っ張った場合の力のほうが弱くなるということがわかりました。理論どおりの結果になりました。やはり皆が無責任になり手抜きが生じたことが証明されました。これが本当かどうか、もう一度確かめてみたいと思います」

一方、②の促進―促進条件では実験仮説として次の情報が与えられた。

「今までの社会心理学の研究によると、皆で作業をすると、一人で作業するよりもやる気が高まって、一人当たりの力が強くなり、そのために集団全体の力が強くなるという結果が出ています。オリンピックの水泳やスピードスケートのような競技では複数の選手が同時に競技するようなシステムになっていますが、それはこのほうが記録が良くなるからです。この研究では本当にそのようなことがあるのかみてみたいと思っています」

それから実験結果に関しては「今測定した結果をみると、この集団では社会心理学の理論どおりに一人ひとりの力を足し合わせた力よりも、集団で一斉に引っ張った場合の力のほうが強くなるということがわかりました。理論どおりの結果になりました。皆が一緒に作業をすると、一人でするよりも頑張るということが証明されました。これが本当かどうか、もう一度確かめてみたいと思います」という情報を与えた。

他の条件では仮説と結果に関するこの2種類のフィードバックを実験条件に従って組み合わせた。

実験の結果、全般的に実験仮説に関する情報も実験結果の情報もパフォーマンスにほとんど影響せず、いずれの条件においても社会的手抜きが生じた。

しかし、一つだけ例外が存在した。⑤の「手抜き―手抜き」条件であった。ただし、社会的手抜きに関する実験仮説を知らせた直後のパフォーマンスは前述のシャトル・リレーの研究と同様にパフォーマンスを上昇させることはなかった。しかし実験仮説の提示後に作業をさせて、その後に社会的手抜きが実際に生じたとのフィードバックを行なうと、その後のパフォーマンスが上昇した。

このことから社会的手抜きの存在を意識させた後、現実もそのようになったという情報を与えれば、社会的手抜きを防ぐことができる可能性が示された。社会的手抜きを低減させるには事前情報と事後情報を組み合わせることが効果的なのかもしれない。

望ましい対策はどれ？

さて、ここまで8種類の社会的手抜き対策について述べてきた。

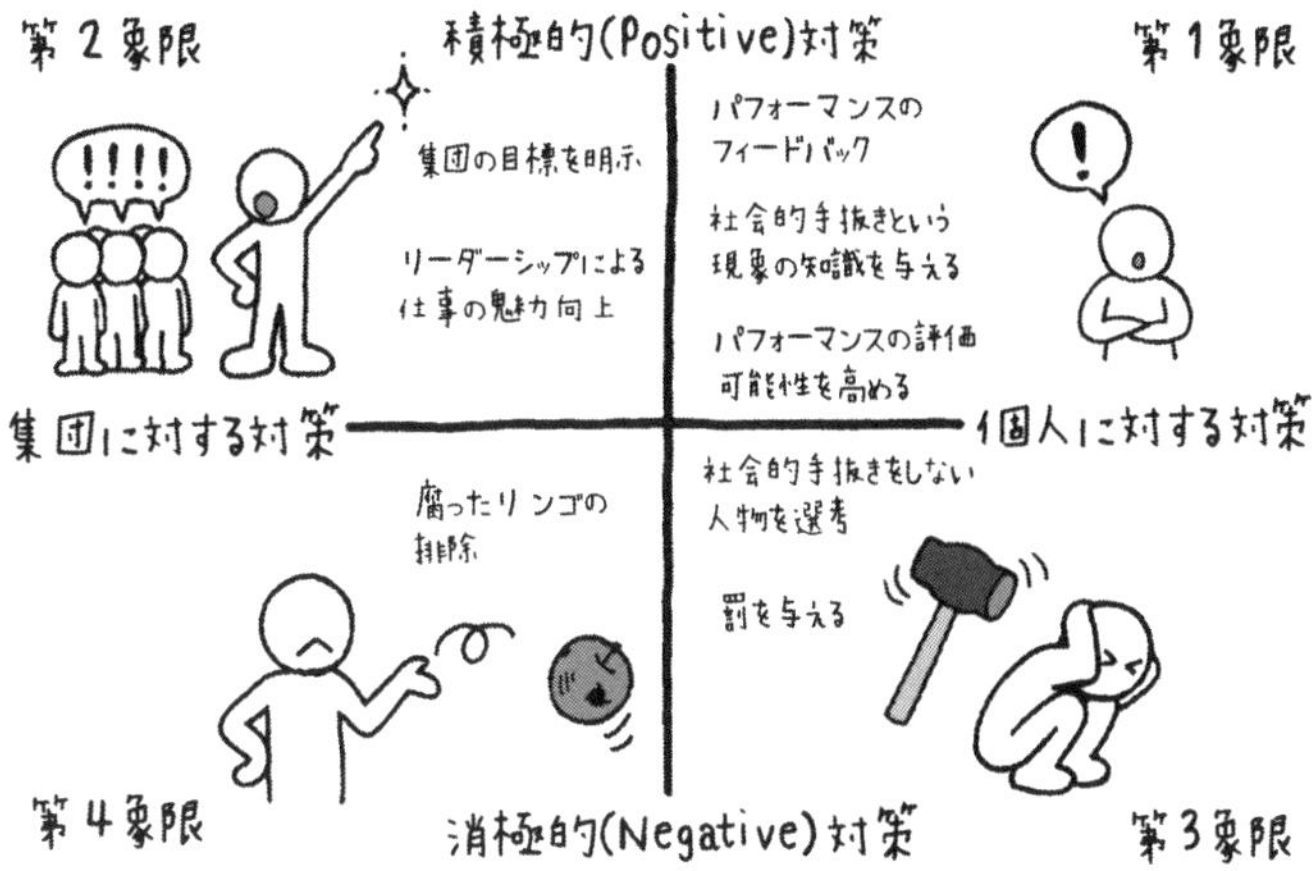

手抜き対策の優先順位

これらの対処方法のそれぞれは図のように配置可能である。

この図の横軸は「個人―集団」の次元であり、縦軸は「積極―消極」の次元である。

この中で望ましい対策は図の上半分に位置する積極的対策である。これに対して、実施が容易な対策は図の右半分に位置する個人に対する対策であろう。

積極的対策のほうが長期的効果が期待されるであろうが、これで効果がない場合には消極的対策を取らざるを得なくなる。

また個人に対する対策のほうが目標を定めやすく具体性が高いと考えられるが、集団全体を変革しないかぎり、効果は限定的になる。

このようなことを勘案して、筆者の対策の優先順位は次のようになる。

第1位……第1象限（個人に対する積極的対策）

第2位……第2象限（集団に対する積極的対策）

第3位……第4象限（個人に対する消極的対策）

第4位……第3象限（集団に対する消極的対策）

特に優先順位の第1位と第2位が同時に実施できればもっとも効果的な手抜き対策になるといえる。

エピローグ――「手抜き」にも役割がある

調子よく、楽してもうけるスタイル――テキトーと真面目の狭間で

筆者が小学生の頃、クレイジーキャッツというコミックバンドが大人気であった。おどけた調子で次のように歌っていた。

サラリーマンは気楽な稼業ときたもんだ。二日酔いでも寝ぼけていても、タイムレコーダーガチャンと押せば、どうにか格好がつくものさ。チョッコラチョイとパアにはなりゃしねェ、アッソレ

（「ドント節」作詞・青島幸男、作曲・萩原哲晶、昭和37年）

おれはこの世で一番無責任と言われた男。ガキの頃から調子よく、楽してもうけるスタイル。毎日会社に来てもデスクにじっとしてるだけ。いねむりしながらメクラバン、それでも社長になった。（中略）とかくこの世は無責任、こつこつやる奴はごくろうさん。ハイごくろうさん。

（「無責任一代男」作詞・青島幸男、作曲・萩原哲晶、昭和37年）

一方、学校では次のように歌っていた。

やがて郷土に報ゆべき、勤労自治を教えゆく（福岡県みやま市立水上小学校校歌）

仰げば尊し我が師の恩………身を立て名をあげ、やよ励めよ（「仰げば尊し」文部省唱歌）

当時、学校で教わる「刻苦勉励」よりも「明るく、調子がよく、無責任」であるクレイジーキャッツのほうが筆者にはカッコよく魅力的に見えた。また、集団で何かをするとき（文化祭、運動会の綱引き、授業、クラス会議、旅行の企画等）、クラスメートの大半は一所懸命ではなく、結構手抜きをしているように思えた。ただし、筆者の世代は団塊の世代のすぐあとに当たるため、まだそれなりに受験勉強をはじめさまざまな面で競争が激しく、「刻苦勉励」を強いられた面もある。そして、それだからこそクレイジーキャッツのような歌が流行したのかもしれない。

このようなことから筆者は、集団行動には真面目な部分とテキトーな部分があること、そしてその時間配分は前者より後者のほうが相対的に大きいことを小学生の頃から何となく感じていたような記憶がある。

怠惰のススメ

筆者はこのようなネガティブな現象を実験や調査といった実証的研究手法を使って解明することは、それだけでも「面白い」と思った。さらに、それが集団のポジティブな面の向上にもつながるとも考えた。

イギリスの哲学者バートランド・ラッセルもまた、「怠惰」を勧めている（『怠惰への讃歌』堀秀彦・柿村峻訳）。ラッセルは仕事や勤労が立派なものだという信念が、多くの害悪をこの世にもたらしていると主張している。

現代人は、忙しく働いて必要以上のものを作り、それを売らんがために競争し、ますます忙しく働くことを繰り返している。そして科学技術が発達した現代では、生活の必需品と生活を快適にするものを得るには一日4時間の労働で十分であり、残りの時間は、自分で適当と思えるように使える自分の時間とすべきだというのである。文明の進歩は暇から生まれるものであり、有閑階級は芸術を開拓し、科学を発見した。また、暇になれば、人のことを考える余裕が生まれ、他人を疑わず、親切になり、戦争をしようという気持ちもなくなることが考えられる。

筆者が大学の教師を生業としたのも、時間的余裕（暇）があると思ったからである。筆者が学生の頃、講義開始時間は5分や10分遅れるのは普通であり、20分待っても教師が教室に現れない場合は自然休講となるという暗黙のルールがあった。20分を過ぎると学生は皆喜んで教室から出て行ったものである。

そもそも、学校とはギリシャ語でスコーレ（暇）という意味であり、有閑階級が暇つぶしのために集まる場所であったということである。しかし、現代の大学は学生による教師の評価があり、また1年単位で研究者の業績（主として論文の数）が厳しく問われ、世界の大学ランキングなどを気にし、過度な成果主義になり、スコーレではなくなっている。

最近の論文の捏造や改竄《かいざん》、研究費の不正使用は、大学の暇を容認しない社会の風潮が背後にあると思われる。

「怠け者」を排除すれば組織は活性化するか？——無用の用

集団や組織から「怠け者」を含む業績不振者を排除すれば、本当にその組織や集団は活性化するであろうか？

業績不振が続く電機業界では最近の数年間で10万人以上がリストラされたということである。企業によっては「追い出し部屋」なるものを作り、理不尽な退職を強要しているといった話もある。

雇用削減が企業の人件費の圧縮につながり、短期的には株価が上昇する傾向があることは明らかになっている。しかしこのような株価の上昇は、組織の活性化を反映したものであろうか。

たいていの集団や組織は能力や役割が異なる人々によって成立している。それは大雑把に分けると、次の4種のグループになる。

・**ヒーロー**＝集団への貢献が多くの人から認められ評価され、尊敬されている人
・**小役人**＝一所懸命努力するけれども評価されず、かえって蔑《さげす》まれることさえある人

・スケープゴート＝努力もせず、他者に迷惑をかけてばかりいるために、多くの人から嫌われている人
・マスコット＝努力しないで他者に迷惑をかけているにもかかわらず、多くの人から好意的評価を受けている人

このような傾向は家庭でもみられ、特に問題を抱えている家族の中では、兄弟の中で役割がこの4種類に分化することがあるといわれている。

ヒーローの役割は兄弟の中でも年長の子が果たすことが多く、学業も優れ、身なりもきちんとしていて、学校においては先生のお気に入りだったりする。

これと正反対の役割を果たすのがスケープゴートである。素行不良で成績も悪く、家族の非難を一身に浴びる者である。しかし彼には、自分が悪いことをして注意を引くことによって家族の絆を深めるという役割もあるのだ。

一方、小役人は控えめでおとなしく、目立たず、それなりに努力することによって集団から被害を受けないようにしている。それからマスコットは可愛くてユーモアがある年下の子がなることが多い。

家族は、子どもたちがこのような役割を演じることによってその安寧やバランスを維持

しているとも考えられる。だれが良くてだれが悪いということではなく、それぞれに存在意義がある。もしこの中のだれか一人でも欠けると家族はたちまち瓦解してしまう可能性もある。

「怠け者」有用論――重要になる集団メンバーの多様性

このような役割の分化は家庭のみならず会社や組織でも生じているであろう。会社の中でも「怠けている」「無能だ」と非難され、周りの人が迷惑を被っていると思われている人がいる。

しかし、そのようなスケープゴートの存在が、周囲の人の自尊心やモチベーションの維持向上に貢献している可能性もある。またマスコットも業績には直接には貢献しないが、間接的には集団の雰囲気や士気に良い影響を与えているであろう。

集団には表面的な業績だけでは推し量れない貢献をしている人がいる。「ヒーロー」の業績は「小役人」の地道な努力が基盤にあり、「マスコット」が皆を和ませ、さらに足を引っ張る「スケープゴート」がいるから、より輝かしいものになると考えられる。

それから、集団の業績は一般に2割の人が生産量の大部分を生み出す「パレートの法則」に従うといわれている。いわゆる2・8や2・6・2の法則である。

「神輿《みこし》は、2割の人が一所懸命支え、6割の人はほどほどにやっていて、2割はぶら下がっている」という比喩もある。しかし、時間が経てば役割交代が起きることも想像に難くない。人が全力を出す期間は限られているので、怠けることによって体力を温存していた人が、次の段階で中心的役割を担うことになるであろう。2割の一所懸命支えている人の中にもいずれやる気を失う人が出てくるし、ぶら下がっている中からヒーローが出てくるかもしれない。この意味でも集団メンバーの多様性は必要である。

優秀な人ばかりが揃った集団のパフォーマンスが予想されたようには高まらないことはプロ野球の読売ジャイアンツの成績を見ればわかる。同チームは1990年代以降、他球団の4番バッター（たとえば、落合、清原、江藤、小久保、小笠原）をトレードにより獲得して、どの打者も他球団であれば4番バッターとなれるような時期もあった。しかしそのような時期にチーム成績が良かったという印象はない。

優秀で団結心が高い少数の選ばれたエリートが集まって愚かな決定をした例が複数ある。たとえば、1961年、CIAの主導下で行なわれたキューバ侵攻作戦におけるケネディ政権のスタッフ集団もそうであろう。

わが国に目を転じれば、1941年12月8日に行なわれた真珠湾攻撃時におけるアメリカ・ハワイ艦隊の上級指揮官の集団などの意思決定について詳しい分析が行なわれている。

それによれば、このような集団の成員は共通して、団結力が高く一枚岩で、選ばれたエリートであるという意識が強く、自分たちの決定が間違うはずがないという思い込みを持っていたということである。そのために集団の中で異論を唱えることが許されないような雰囲気になり、個人個人は集団決定の内容に疑問を持ちながらも、発言を控えてしまったということである。いわゆる集団が「裸の王様」状態になってしまったことになる。そのために、このような集団による愚かな意思決定を防ぐためには、わざと異論を唱える天《あま》邪《の》鬼《じゃく》的な人を議論に参加させる必要があることが指摘されている。

集団が危機に直面している場合には、特に成員の多様性が求められるのである。「怠け者」のレッテルを貼られた人の中には、このように天邪鬼的な人、スケープゴートとなって集団の崩壊を食い止めている人、自分の力を発揮できる場がいまだ与えられていない人などが含まれている可能性がある。リストラをして集団の成員の多様性を低下させることが、その活力をかえって減じることは想像に難くない。

筆者が「怠け者」有用論を唱えるゆえんである。

おわりに

手抜きは本書でも繰り返し述べたようにありふれた現象であり、筆者自身も考えてみれば日常的に手抜きを行なっているかもしれない。本書ではおもに集団の中で起きる手抜きについて述べてきたが、個人作業時の手抜きももちろん存在する。

筆者は同時作業が苦手であり、一つのことしかできない。たとえば、車を運転していて、分岐路にさしかかったときに同乗者に話しかけられると必ず直進してしまう。曲がることができないのである。それを避けるためには会話については手抜きをして運転に集中するしかない。そのために同乗者との関係がギクシャクすることもある。

楽器の演奏に関してもそうである。筆者は楽器の演奏ができないが、それは同時に複数のことができないからである。ピアノを弾く人が右手と左手を別々に自在に操る姿を見ると感服する。なぜそのようなことができるのか不思議でならない。

仕事に関してもそのような傾向がある。授業やゼミなどの日常の業務を行ないながら、本の執筆をすることはなかなか難しい。簡単には頭の中を切り替えることができない。

数年前、北九州市にある松本清張記念館に行ったことがある。そこには清張の書斎も再現されていた。清張は多作でも有名な作家である。書斎には複数のたばこで焦げた跡がある机が置かれていた。解説によれば、同時に複数の小説を執筆していた時期もあったそうである。そして小説ごとに別々の机で執筆していたという。机を変われば別の小説の世界に入り込むことができたのである。どの小説も手抜きをすることなく執筆したのであろう。能力が高い人とはこのような人なのかもしれない。

本書に関しては手抜きをせずに執筆に集中したつもりではある。筆者はこれまでもっぱら学術論文と専門分野の本を執筆してきたので、正直言って勝手がわからなかった面もあるものの、本書は一般の読者を意識して執筆している。なお、本書は扱うテーマ上、拙著『人はなぜ集団になると怠けるのか』（中公新書）と部分的に重なる箇所があることをお断りしておく。

筆者としては、寝転がって簡単に読める本を目指したつもりだが、意に反して多々読みづらい箇所があるかと思われる。読者の皆様には適当に手抜きをしてもらって興味のない部分は読み飛ばしていただくのもよいかもしれない。著者としては淋しいが。

2015年6月

釘原直樹

【参考文献】

・佐々木薫（1998）「監督者、生産水準規範、および集団生産性集団規範の作用に関する実験的研究」「関西学院大学社会学部紀要」79, 35-49.
・毛新華・大坊郁夫（2008）「社会的スキルの内容に関する中国人大学生と日本人大学生の比較」「対人社会心理学研究」8, 123-128.
・阿形亜子・武芸・釘原直樹（2012）「共作業他者のパフォーマンス変化への反応、日中比較の探索的検討」「日本グループ・ダイナミックス学会第59 回大会発表論文集」70-71.
・山田真裕（1992）「投票率の要因分析1979-86年総選挙」「選挙研究」7, 100-116.
・三浦麻子・飛田操（2002）「集団が創造的であるためには」「実験社会心理学研究」41, 124-136.
・日本青少年研究所（2010）「高校生の勉強に関する調査：日本・米国・中国・韓国の比較」財団法人日本青少年研究所
・出口拓彦（2007）「大学の授業における視点取得・友人の数・座席位置の関連――「『私語をすること』『私語をされること』の関連について」「藤女子大学紀要」44, 45-51.
・矢澤久史（2002）「教室における座席位置と学習意欲、学業成績との関連」「東海女子大学紀要」22, 109-117.
・遠山孝司（2008）「定期試験での学生の座席位置と成績の関連：教室の前方に座ると学生はよい成績をとるのか？」「日本教育心理学会50回総会発表論文集」684.
・島倉大輔・田中健次（2003）「人間による防護の多重化の有効性品質」「品質」33,104-112.
・芳賀繁（2009）「安全技術では事故を減らせない：リスク補償行動とホメオスタシス理論」「電子情報通信学会技術研究報告 SSS 安全性」109, 9-11.
・小窪輝吉（2011）「集団の動機づけ上昇に関する一考察――ケーラー効果とその再現研究」「鹿児島国際大学福祉社会学部福祉社会学部論集」29, 52-70.
・橘木俊詔・八木匡（2009）『教育と格差――なぜ人はブランド校を目指すのか』日本評論社
・山崎将志（2013）「仕事の成功と学歴は関係するか？」「日経プレミア PLUS」VOL.6 日本経済新聞出版社
・松原敏浩・高井次郎・水野智（1994）「カリスマ的リーダーシップの研究――リーダーシップ行動、カリスマ性および集団効果の相互作用」「産業組織心理学研究」8, 29-41.
・サイモン・シン、青木薫訳（2006）『フェルマーの最終定理』新潮文庫
・内田遼介・國部雅大・手塚洋介・萱生貴之・土屋裕睦（2011）「集合的効力感の概念特性に関する実験的検討」「日本社会心理学会第52回大会論文集」256.
・麻生奈央子・沼崎誠（2010）「潜在・顕在的なロマンティック幻想と結婚満足感」「パーソナリティ研究」第18巻第3号 244–247.
・寺尾敦・伊藤一成（2014）「大学での講義中のスマートフォンの私的使用――その頻度と内容」情報コミュニケーション学会第11回全国大会
・服部陽介・川口潤・丹野義彦（2015）「抑制意図が抑うつ者の気晴らしへの動機づけに与える影響――交通事故を目撃した直後の気晴らしに関する場面想定法を用いた検討」「モチベーション研究」4, 27-33.
・Kravitz, D.A., &Martin, B. (1986). Ringelmann rediscovered: The original article.

Journal of Personality and Social Psychology, 50, 936-941.
· Hardy, C. I. &Latané, B. (1988). Social loafing in cheerleaders: effects of teammembership and competition. Journal of Sport and Exercise Psychology, 10, 109-114.
· Latane, B., Williams, K., & Harkins, S. (1979). Many hands make light the work: The causes and consequences of social loafing. Journal of Personality and Social Psychology, 37, 822-832.
· Karau, S. J., & Williams, K. D. (1993). Social loafing: Ameta-analytic review and theoretical integration. Journal of Personality and Social Psychology, 65, 681-706.
· Kugihara, N. (1999) . Gender and social loafing in Japan. Journal of Social Psychology,139, 516-526.
Coch, L., French, Jr., &John, R. P. (1948). Overcoming resistance to change.Human Relations, 1, 512-532.
· Gabrenya, W. K., Latane, B., & Wang, Y. E. (1981). Social loafing among Chinese overseas and U.S. students. Paper presented at the Second Asian Conference of the International Association for Cross-Cultural Psychology, Taipei.
· Ulke, H. E., &Bilgic, R. (2011). Investigating the role of the Big Five on the social loafing of information technology workers. International Journal of Selection and Assessment, 19, 301-312.
· Woodman, T., Roberts, R., Hardy, L., Callow, N., & Rogers, C. H. (2011). There is an "I" in team: Narcissism and social loafing. Research Quarterly for Exercise and Sport, 82, 285-290.
· Charbonnier, E., Huguet, P., Brauer, M., &Monteil, J. M. (1998). Social loafing and self-beliefs: Peoples collective effort depends on the extent to which they distinguish themselves as better than others. Social Behavior and Personality: An International Journal, 26, 329-340.
· Riker, W. H., &Ordeshook, P. C. (1968). A theory of the calculus of voting. American Political Science Review, 62, 25-42.
· Acevedo, M., & Krueger, J. I. (2004). Two egocentric sources of the decision to vote: The voter's illusion and the belief in personal relevance. Political Psychology, 25, 115-134.
· Liberman, B., Seidman, G., McKenna, K. Y., &Buffardi, L. E. (2011). Employee job attitudes and organizational characteristics as predictors of cyberloafing. Computers in Human Behavior,27, 2192-2199.
· Osborn, A. F. (1957). Applied imagination. New York: Scribner.
· Taylor, D. W., Berry, P. C., & Block, C. H. (1958). Does group participation when using brainstorming facilitate or inhibit creative thinking?Administrative Science Quarterly, 23-47.
· Harkins, S. G., & Petty, R. E. (1982). Effects of task difficulty and task uniqueness on social loafing. Journal of Personality and Social Psychology, 43, 1214.
· Wilde, G.J.S. (1982). The theory of risk homeostasis: Implication for safety and health. Risk Analysis, 2, 209-225.
· Luchins, A. S. (1942). Mechanization in problem solving: The effect of

Einstellung.Psychological Monographs, 54, 1-95.
・Chance, Z., Norton, M. I., Gino, F., &Ariely, D. (2011). Temporal view of the costs and benefits of self-deception. Proceedings of the National Academy of Sciences, 108, 15655-15659.
・Kahneman, D., &Tversky, A. (1979). Prospect theory: An analysis of decision under risk.Econometrica: Journal of the Econometric Society, 47, 263-291.
・Baumeister, R. F., Bratslavsky, E., Finkenauer, C., &Vohs, K. D. (2001). Bad is stronger than good. Review of General Psychology, 5, 323-370.
・Miller, D. T., Visser, P. S., &Staub, B. D. (2005). How surveillance begets perceptions of dishonesty: The case of the counterfactual sinner. Journal of Personality and Social Psychology, 89,117-128.
・Fein, S., Hilton, J. L., & Miller, D. T. (1990). Suspicion of ulterior motivation and the correspondence bias. Journal of Personality and Social Psychology, 58, 753-764.
・Fehr, E. &Gachter, S. (2002). Altruistic punishment in humans. Nature, 415, 137-140.
・Kerr, N. L. (1983). Motivation losses in small groups: A social dilemma analysis. Journal of Personality and Social Psychology, 45,819-828.
・Rutte, C. G. and Wilke, H. A. M. (1992). Goals, expectations and behavior in a social dilemma situation.In Social dilemmas; theoretical issues and research findings (W. B. G. Liebrand, D. M. Messick and H. A. M. Wilke, eds.), pp. 289-305. New York: Pergamon Press.
・Chen, X. P., &Bachrach, D. G. (2003). Tolerance of free-riding: The effects of defection size, defection pattern, and social orientation in a repeated public goods dilemma. Organizational Behavior and Human Decision Processes, 90, 139-147.
・Schnake, M. E. (1991). Equity in effort: The "sucker effect" in co-acting groups. Journal of Management, 17, 41-55.
・Triplett, H. (1898). The dynamogenic factors in pace making and competition. American Journal of Psychology, 9, 507-533.
・Allport, F.H. (1924). Social Psychology. Boston: Houghton Mifflin.
・Keeling, L. J., &Hurnik, J. F. (1993). Chickens show socially facilitated feeding behaviour in response to a video image of a conspecific. Applied Animal Behaviour Science, 36, 223-231.
・Williams, K. D., &Karau, S. J. (1991). Social loafing and social compensation: The effects of expectations of co-worker performance. Journal of Personality and Social Psychology, 61, 570-581.
・Liden, R. C., Wayne, S. J., Jaworski, R. A., & Bennett, N. (2004). Social loafing: A field investigation. Journal of Management, 30, 285-304.
・Köhler, O. (1927). Über den Gruppenwirkungsgrad der menschlichen Körperarbeit und dieedingungenoptimaler Kollektivkraftreaktion. Industrielle Psychotechnik, 4, 209-226.
・Osborn, K. A., Irwin, B. C., Skogsberg, N. J., &Feltz, D. L. (2012). The köhler effect: Motivation gains and losses in real sports groups. Sport, Exercise, and Performance Psychology, 1, 242-253.

· Weber, B., &Hertel, G. (2007). Motivation gains of inferior group members: A meta-analytical review. Journal of Personality and Social Psychology, 93, 973-993.
· Schnake, M. E. (1991). Equity in effort: The "sucker effect" in co-acting groups. Journal of Management, 17, 41-55.
· Skinner, B. F. (1953). Science and human behavior. New York: Macmillan.
· Podsakoff, P. M., Todor, W.D., Grover, R.A., & Huber, V.L. (1984) . Situational moderators of leader reward and punishment behaviors: Fact or fiction?Organizational Behavior and Human Performance, 34, 21-63.
· Teversy, A., &Kahneman, D. (1974). Judgment under uncertainty: Heuristics and biases. Science, 185 (4157), 1124-1131.
· Bass, B. M., &Avolio, B. J. (1990). Transformational leadership development: Manual for the Multifactor Leadership Questionnaire. Palo Alto, CA: Consulting Psychologists Press.
· House, R.J. (1977). A theory of charismatic leadership. In J.G. Hunt & L.L. Larson (eds.), Leadership: The cutting edge. Carbondale, IL: Southern Illinois University.
· Leeuwen, E. V., &Knippenberg, D. V. (2002). How a group goal may reduce social matching in group performance: Shifts in standards for determining a fair contribution of effort.Journal of Social Psychology, 142, 73-86.
· Orpen, C. (1995). Using the stepladder technique to improve team performance. Team Performance Management, 1, 24-27.
· Rogelberg, S. G., Barnes-Farrell, J. L. & Lowe, C. A. (1992). The stepladder technique : An alternative group structure facilitating effective group decision making, Journal of Applied Psychology, 77, 730-737.
· Wilson, J. Q., &Kelling, G. L. (1982). Broken windows. Atlantic Monthly, 249, 29-38.
· Keizer K., Lindenberg S., &Steg L. (2008). The spreading of disorder. Science, 322, 1681-1685.
· Ernest-Jones, M., Nettle, D., Bateson, M. (2011). Effects of eye images on everyday cooperative behavior: A field experiment. Evolution and Human Behavior, 32, 172-178.
· Huddleston, S., Doody, S. G., & Ruder, M. K. (1985). The effect of prior knowledge of the social loafing phenomenon on performance in a group. International Journal of Sport Psychology, 16, 176-182.
· Schlenker, B. R. (1974). Social psychology and science. Journal of Personality and Social Psychology, 29, 1-15.
· Gergen, K. J. (1973). Social psychology as history. Journal of Personality and Social Psychology, 26, 309-320.
· Wegscheider, S. (1981). Another chance: Hope and health for the alcoholic family. Palo Alto, CA: Science and Behavior Books.
· Kier, F. J.,& Buras, A. R. (1999). Perceived affiliation with family member roles: Validity and reliability of scores on the Children's Role Inventory. Educational and Psychological Measurement, 59, 640-650.

釘原直樹◉くぎはら・なおき
一九五二年、福岡県生まれ。九州大学大学院教育学研究科満期退学後、大阪大学人間科学部助手、九州工業大学教授などを経て、大阪大学大学院人間科学研究科教授。専攻は社会心理学。日本における「手抜き」研究の第一人者。大規模な装置設営や参加者集めに苦心しながらも種々の実験を遂行し、研究に勤しむ情熱の背景には「手抜き愛」が溢れている。おもな著書に『人はなぜ集団になると怠けるのか』（中公新書）『グループ・ダイナミックス』（有斐閣）など。

腐ったリンゴをどうするか？

二〇一五年　七月　四日　初版発行

著　者　釘原直樹
発行者　星山佳須也
発行所　株式会社三五館《さんごかん》
東京都新宿区坂町21　〒160-0002
電　話　03―3226―0035
FAX　03―3226―0170
http://www.sangokan.com/
郵便振替　00120―6―756857

印刷・製本　株式会社光陽メディア

ISBN978-4-88320-640-7